"新一轮广西一流学科建设项目——百色学院马克思主义理论学科资助"

光明社科文库
GUANGMING DAILY PRESS:
A SOCIAL SCIENCE SERIES

·经济与管理书系·

共同富裕进程中边境地区
农村集体经济发展研究

以百色市边境地区为例

黄兴忠 | 著

光明日报出版社

图书在版编目（CIP）数据

共同富裕进程中边境地区农村集体经济发展研究：
以百色市边境地区为例 / 黄兴忠著 . -- 北京：光明日
报出版社，2023.4
ISBN 978 - 7 - 5194 - 7163 - 7

Ⅰ . ①共… Ⅱ . ①黄… Ⅲ . ①边疆地区—农村经济—
集体经济—经济发展—研究—百色 Ⅳ . ①F327.673

中国国家版本馆 CIP 数据核字（2023）第 062822 号

共同富裕进程中边境地区农村集体经济发展研究：以百色市边境地
区为例

GONGTONG FUYU JINCHENG ZHONG BIANJING DIQU NONGCUN JITI
JINGJI FAZHAN YANJIU：YI BAISESHI BIANJING DIQU WEILI

著　者：黄兴忠

责任编辑：宋　悦　　　　　　　责任校对：刘兴华　李海慧
封面设计：中联华文　　　　　　责任印制：曹　净

出版发行：光明日报出版社
地　　址：北京市西城区永安路 106 号，100050
电　　话：010-63169890（咨询），010-63131930（邮购）
传　　真：010-63131930
网　　址：http：//book.gmw.cn
E - mail：gmrbcbs@ gmw.cn
法律顾问：北京市兰台律师事务所龚柳方律师

印　　刷：三河市华东印刷有限公司
装　　订：三河市华东印刷有限公司
本书如有破损、缺页、装订错误，请与本社联系调换，电话：010-63131930

开　　本：170mm×240mm
字　　数：112 千字　　　　　　印　　张：9
版　　次：2023 年 4 月第 1 版　　印　　次：2023 年 4 月第 1 次印刷
书　　号：ISBN 978 - 7 - 5194 - 7163 - 7
定　　价：85.00 元

自　序

　　习近平总书记在中国共产党第二十次全国代表大会上的报告指出："人民群众获得感、幸福感、安全感更加充实、更有保障、更可持续，共同富裕取得新成效。""巩固和完善农村基本经营制度，发展新型农村集体经济，发展新型农业经营主体和社会化服务，发展农业适度规模经营。深化农村土地制度改革，赋予农民更加充分的财产权益。"[①] 新时代的十年，我们完成脱贫攻坚、全面建成小康社会的历史任务，实现第一个百年奋斗目标，农村的生产生活方式也发生了巨大变化，为促进共同富裕创造了良好条件。现在，已经到了扎实推动共同富裕的历史阶段，在新征程上，有一种明显的趋势——越来越多的农村走向新型集体经济道路。这种新型集体经济与之前人们理解的集体经济相比已发生根本性变化，这种集体经济兼具公共性和市场性，是推动农村居民实现共同富裕的重要经济形态，对增加农民财产收益、提升乡村公共福祉具有重要作用，是在中国特色社会主义制度中形成的有中国特色的集体经济实践。因此，发展农村集体经济已成为推动乡村全面振兴、促进农民走向共同富裕的重要抓手。习近平总书记在《摆脱贫困》中也明确指出

---

①　习近平. 高举中国特色社会主义伟大旗帜　为全面建设社会主义现代化国家而团结奋斗［N］. 人民日报，2022-10-26（01）.

"发展集体经济是实现共同富裕的重要保证，是振兴贫困地区农业发展的必由之路，是促进农村商品经济发展的推动力"①。

广西百色市边境线总长 360.5 千米，所辖靖西市、那坡县与越南接壤，是典型的边疆民族地区，居住着汉族、壮族、苗族、回族、瑶族、满族、蒙古族、侗族、布依族、毛南族、土家族等十几个民族，靖西市、那坡县与越南边境 0～20 千米以内 18 个乡镇 39.42 万边民沿边而居，在守边固边中发挥着极为重要的作用。在党中央、国务院和自治区党委、自治区人民政府的正确领导下，在社会各界的大力帮扶下，百色市边境地区扎实推进巩固拓展脱贫攻坚成果与乡村振兴有效衔接。然而，由于边境地区自然条件相对恶劣，生态环境脆弱，水土流失严重，基本生产资料匮乏，人均耕地面积少，旱涝灾害频繁，产业发展比较难。作为来自百色边境小城农村的我，近年来虽一直在外求学，但对家乡的发展始终保持着高度关注。由此我把"共同富裕进程中边境地区农村集体经济发展研究"作为切入点，紧紧围绕着"如何利用村集体经济"这个抓手来推动实现共同富裕。全书从结构上分为七个章节：第一章主要简述共同富裕进程中农村集体经济发展的理论基础；第二章主要简述共同富裕进程中农村集体经济发展的内在逻辑；第三章主要简述共同富裕进程中百色边境地区农村集体经济发展的意义及原则；第四章主要简述共同富裕进程中百色边境地区农村集体经济发展的基础；第五章论述共同富裕进程中百色市边境地区发展农村集体经济的举措及成效；第六章主要论述共同富裕进程中百色市边境地区农村集体经济发展面临的挑战；第七章主要论述共同富裕进程中百色市边境地区农村集体经济发展的路径选择。

---

① 习近平. 摆脱贫困 [M]. 福州：福建人民出版社, 1992：63-70.

　　可以说，本书还算不上一部专业的学术著作，内容简单，语言通俗，大多数案例在调研过程中采用口语化表述，当然由于时间精力有限，本书未能更进一步建构完整的共同富裕进程中边境地区农村集体经济发展体系，实乃本书之遗憾，还望读者们海涵。

笔者

2022 年 11 月 2 日

目 录
CONTENTS

第一章

共同富裕进程中农村集体经济发展的理论基础

一、共同富裕的概念

所谓"共同富裕",可从"共同"和"富裕"两个词汇分别进行解析。"富裕"反映了社会对财富的拥有,是社会生产力发展水平的集中体现;不仅意味着"效率",强调全社会的物质、精神财富能够充分满足全体劳动者的物质文化需要,人人都能得到自己想要的东西,还强调物质与精神上的"共同富裕"。"共同"则反映了社会成员对财富的占有方式,是社会生产关系性质的集中体现,意味着"公平",其主体是全体人民,他们平等地享有极大的社会物质和精神财富,平等地享有发展、富裕等一切机会,人人"都要""都能"过上美好生活。因此,共同富裕可以解释为让人民群众普遍过上美好生活,提高每个人的幸福感、获得感、安全感,既强调"共同"又强调"富裕",不能孤立、片面地理解"共同富裕"。习近平指出:"共同富裕是全体人民的富裕,是人民群众物质生活和精神生活都富裕,不是少数人的富裕,也不是整齐划一的平均主义。"① 共同富裕是全民富裕,全面富裕。共同富裕不

---

① 习近平.习近平谈治国理政:第4卷［M］.北京:外文出版社,2022:142.

是少数人的富裕，而是全体人民的共同富裕，是全体人民共享改革发展成果，都过上幸福美好的生活。共同富裕是全面的富裕，既包括物质上的生活富裕富足，也包括精神上的自信自强，还包括环境宜居宜业、社会和谐和睦、公共服务普及普惠等。

二、共同富裕的理论来源

（一）中国传统优秀文化中的大同思想

天下大同是我国优秀传统文化的核心思想之一，反映了古人对理想社会的向往和追求，代表着人类对未来社会和理想世界的美好憧憬。先秦思想家对未来社会的创意设计与百家争鸣，衍生出了儒、道、墨等同根同源却略有区别的大同思想，它们均有着自己诞生演变和发展的清晰脉络，成为中国古代社会基本思想不可分割的组成部分。

1. 大同思想，源远流长

《诗经》中《魏风·伐檀》《魏风·硕鼠》《小雅·黄鸟》等篇目是迄今保留下来的关于大同思想的最早的素材。《魏风·伐檀》反映了社会中下层民众斥责剥削者不劳而食，表现出劳动人民对统治者的不满，说明被剥削者阶级意识的觉醒，愤懑的奴隶已经向不劳而获的"吸血鬼"大胆地提出了正义的责问；《魏风·硕鼠》将剥削者比作害人的大老鼠，并且发出了决心逃离这只大老鼠寻找"适彼乐土""适彼乐国""适彼乐郊"的呼声；《小雅·黄鸟》与《魏风·硕鼠》一起展示了古代社会的一个现实：硕鼠为祸家园，黄鸟作恶他乡。非但天国乐土难以寻觅，就连此邦之人，也是"不我肯谷""不可与明"，甚至"不可与处"。这些背井离乡的人在异乡遭受剥削压迫和欺凌，更增添了对邦族的怀念，"言旋言归""复我邦族"，还是返回故土吧！虽然不能逃避硕鼠、黄鸟，但还能在与亲人的依傍中寻求些许暖意，给充满伤痛的心以解脱的慰藉和沉醉。以这三篇为代表的诗文表现了人们对美好社会的情感寄托和憧憬向往，孕育了大同理想产生的沃土。

2. 墨家的互爱互利和平等主义原则

墨家学派提出"兼相爱、交相利"的互爱互利和"尚同"的平等主义等社会生活基本原则，强调有能力的尽量助人，有钱财的努力分给别人，有道德修养的勉力教人。如此，饥饿的人就可以得到食物，寒冷的人就可以得到衣物，混乱情形就可以得到治理。在国家管理上主张选择天下贤良圣智，立为天子，让他从事统一天下的工作，倡导全体社会成员从事自己所擅长的职业，反对不劳而获。

3. 道家的原始共产主义社会模式

道家以老子为代表，主张"小国寡民"，让人民"甘其食，美其服，安其居，乐其俗。邻国相望，鸡犬之声相闻，民至老死，不相往来"。老子的"小国寡民"向往理想化的原始共产主义社会模式，百姓们吃得香甜，穿得漂亮，住得安适，过得快乐。虽然道家的"小国寡民"理想实际上是一种历史倒退的幻想，但百姓在其间无忧无虑地生活，也让人为之向往。东晋的陶渊明继承了老子的思想精髓，并将其内涵不断扩充，在《桃花源记》中幻想出一处同现实世界隔绝的人间乐土——桃花源。那里没有剥削、压迫和战争，人们永远处于和平、宁静和温饱的环境中，过着无忧无虑的田园生活，对外部世界几百年来的王朝废兴、社会动乱都一无所闻，自秦末避世以来，"乃不知有汉，无论魏晋"。此后一千多年，幻想逃避现实社会苦难的人普遍地憧憬着"世外桃源"，它成了人间乐土的同义语。

4. 儒家的"均""安"思想和公正诚信的社会追求

儒家思想对大同理想的影响最大。孔子对颜回与子路抒发自己的志向时说："希望所有人在晚年的时候都能够安享幸福，朋友之间都能够相互信任，年轻的子弟们都能够怀有远大的理想。"孔子在反对鲁国的季康子伐颛臾时说："丘也闻有国有家者，不患寡而患不均，不患贫而患不安。盖均无贫，和无寡，安无倾。"提出"均"和"安"的理想社会追求。孔子对上古尧舜的功业给予高度评价，强调统治阶级通过修己和德治，能够实现社会公平正义。儒家亚圣孟子反感诸侯争战不休的社会现实，提出了行"王道"、施"仁政"，主张"以德行政者王"，强调以王道之治就是"乐以天下，忧以天下"。关于王道，孟子如此界定：给每家五亩地的住宅，种上桑树，那么五十岁的人就可以穿上丝织的衣服了；鸡、狗、猪这些家畜，不要失去喂养繁殖的时节，七十岁的人就可以有肉吃了；一百亩的田地，不要因劳役耽误了农时，八口人的家庭就可以不挨饿了；重视学校的教育，反复用孝顺父母、尊重兄长的道理叮咛他们，头发斑白的老人便不会再背着、顶着东西走在路上了。老年人穿丝织的衣服能吃上肉，老百姓不挨饿受冻，如果这样还不能统一天下，那是没有的事情。至于"仁政"，孟子提出"民为贵，社稷次之，君为轻"的思想，让百姓都有一份"仰足以事父母，俯足以畜妻子，乐岁终身饱，凶年免于死亡"的"恒产"，即"五亩之宅""百亩之田"，采取"正经界"即实行"井田制""薄税敛"减轻人民负担等政策，主张遵循"不违农时""深耕易耨"等生产规律，通过维持和改善老百姓的生计奠定政权稳定的基础。

当然，从历代起义口号、政治主张中，也可以看出当时底层的亿万农民渴望财富平均分配，向往"人人富裕"的大同社会。秦末陈胜、吴广在大泽乡斩木揭竿，高举均等旗帜，鼓舞历代千万农民起来反抗贫富差距悬殊的压迫统治。唐朝王仙芝起义，首次以"平均"作为斗争口号，表达了贫苦农民"均平"的诉求。南宋钟相率众揭竿而起，大喊"等富裕，均贫富"，旗帜鲜明地反对财富分配不均的现实。太平天国运动影响深远，革命纲领《天朝田亩制度》中洪秀全以"凡天下人田，天下人同耕"为社会原则，以极端暴力的方式否定了封建地主所有制，致力于建立一个"有田同耕，有饭同食，有衣同穿，有钱同使"的太平世界，把以往农民起义对"均平"的认识向前推动了一大步，绘制了一幅"无人不温饱"的共同富裕远大宏图。

从社会学的角度来看，这种"人人富裕"的大同社会是对美好未来的一种憧憬和渴望，是一种社会理想。首先，大同社会是一种"公有社会"。"天下为公""货恶其弃于地也，不必藏于己""与天下人同利""以天下物利天下人"，天下的生产资料、生产成果、社会财富与权力都由社会全体成员共享。其次，大同社会是一种"和谐社会"。人与人之间和谐友善，"讲信修睦"，平等友爱，"人不独亲其亲，不独子其子"；社会井然有序，"谋闭而不兴，盗窃乱贼而不作，外户而不闭"。再次，大同社会是一种"民主社会"。"天下为公，选贤与能"，权力公有，人民可以自己选举和罢免社会管理者。最后，大同社会是一种"大爱社会"。"老有所终，壮有所用，幼有所长，矜、寡、孤、独、废疾者皆有所养"，人民生活有保障，事业有前途，爱情有归属，实现"男有分，女有归"①。总之，大同社会所追求的"公有"、和谐、诚信、平等、民主、"大爱"等价值取向，都与我们当下追求的共同富裕社会有着相似之处，并且它们都是以人为本。浸润在中国传统文化中的大同思想寄托着历史上无数志士仁人对共同富裕思想的夙愿和希冀，但受到生产力水平的限制和封建社会土地私有制的制约，大同思想不仅带有浓重的封建色彩，更有无法逾越的阶级鸿沟和历史局限性。然而，不可否认的是，它在中国共产党共同富裕思想的形成以及推动实践过程中

---

① 韩喜平，杨威. 马克思主义简明读本共同富裕理论［M］. 长春：吉林出版集团股份有限公司，2019：69-79.

留下了浓墨重彩的一笔，具有极为丰富的借鉴价值和现实意义。

（二）马克思主义经典作家的共同富裕思想

共同富裕是马克思主义经典作家设想的未来社会的重要特征。在马克思、恩格斯文本中并没有明确提出"共同富裕"的具体概念。但从《共产党宣言》《资本论》《反杜林论》等经典著作中均有体现，在他们的论著中对社会发展规律的阐述、对资本主义社会的抨击以及对美好社会的向往都蕴含着逻辑清晰的共同富裕思想。马克思、恩格斯严谨阐释资本主义私有制和生产方式是不可能达到共同富裕的现实根源，究其背后的真相在于资本家乐此不疲地占有剩余价值，工人不断创造出满足贪婪资本家发展需求的私利财富，却仅能勉强维持自身生计。贫富两极分化对立，人民难以获得幸福的根源是生产资料私有制，因此主张建立生产资料公有制取而代之。

马克思主义理论中强调生产资料私有制是资本主义经济危机的根源。马克思指出：建立这样一种制度，使社会的每一成员不仅有可能参加社会财富的生产，而且有可能参加社会财富的分配和管理，并通过有计划地经营全部生产，使社会生产力及其成果不断增长，足以保证每个人的一切合理的需要在越来越大的程度上得到满足。① 列宁在《告贫苦农民》中说："我们要争取新的、更好的社会制度：在这个新的、更好的社会里不应该有穷有富，大家都应该做工。……共同劳动的成果不应该归一小撮富人享受，应该归全体劳动者享受。……机器和其他技术改进应该用来减轻大家的劳动，不应该用来使少数人发财，让千百万人民

---

① 中共中央马克思恩格斯列宁斯大林著作编译局. 马克思恩格斯选集：第3卷 [M].
北京：人民出版社，2012：724.

受穷。……这个新的、更好的社会就叫社会主义社会。"① 马克思透过现象看到发展本质，把生产力爆炸式增长作为无产阶级推翻资产私有制的主要任务。高度发达和长盛不衰的生产力足以消除社会贫困，保障社会和人们拥有绰然有余的生产生活资料，进而促使人们全面自由发展。贫瘠落后的生产力无疑会导致社会走向极端贫困，人们不得不为生计奔走操劳，迫使在动荡不定、世风日下的社会中与普遍富裕相背而行。共同富裕自古以来都是全人类共同期盼的美好愿景，但是从人类发展的历史视角来看，普遍富裕的实现不可能一蹴即至，这是一个全局性长期发展的连续过程。共同富裕是我们常常提及并努力实现的目标，坚持马克思主义，研究共同富裕，毫无疑问要从马克思主义出发，并结合中国特色社会主义的现实来思考。唯物史观是马克思的两大发现之一，马克思、恩格斯对共同富裕理论的最大贡献就是将其建立在共同富裕的物质基础之上。

（三）中国共产党人关于共同富裕的理论

中华民族在如何实现共同富裕的道路上苦苦求索，在思想的长河中留下了众多的历史车辙和探寻足迹，但始终未能挣脱阶级的镣铐实现共同富裕。中国共产党的诞生改变了过去相继失败的命运，带领全国人民在革命、建设、改革的过程中产生了诸多有关共同富裕的思想，这些有力的思想为新时代推进共同富裕提供了深厚的科学理论依据。

在土地革命时期，以毛泽东同志为代表的中国共产党人就提出了"减租减息""耕者有其田"的口号，并进行了"打土豪分田地"的革

---

① 中共中央马克思恩格斯列宁斯大林著作编译局．列宁全集：第 7 卷［M］．北京：人民出版社，2013：112.

命实践。1953年，毛泽东创造性地提出"共同富裕"① 这一概念。在对农业进行社会主义改造时，毛泽东在《关于农业合作化问题》中强调："实行合作化，在农村中消灭富农经济体制和个体经济制度，使全体农村人民共同富裕起来。"② 虽然"人民公社化运动"失败了，但毛泽东这一思想仍然是中国共产党推进共同富裕的根本逻辑起点，更为新时代共同富裕踏上新征程提供了科学指引，在中国共产党共同富裕思想的长河中迸发耀眼光芒。也让我们认识到，共同富裕不等于平均主义，要反对平均主义，要反对贫富差距过分悬殊，要坚持按劳分配；共同富裕的前途是光明的，道路是曲折的，要实事求是，不能急于求成，要大力发展生产力等。

改革开放之后，党和国家在继承前人共同富裕思想科学观念的同时，否定了中华人民共和国成立初期"同步富裕""齐步走"的片面思想，以邓小平为核心的第二代党中央领导集体深入挖掘马克思主义科学理论，致力于将其与中国式共同富裕紧密融合。邓小平同志提出了"没有贫穷的社会主义。社会主义的特点不是穷，而是富，但是这种富是人民共同富裕""社会主义的本质是解放生产力……最终达到共同富裕"。并且还强调"走社会主义道路，就是要逐步实现共同富裕"③。要"先富带后富"，最终实现共同富裕。

改革开放以来，我国社会主义现代化建设一日千里，创造了很多经济建设的领先成果，但世界政治多极化、经济全球化所带来的困难与挑战如影随形，西方资产阶级价值观的不断冲击，新问题层出不穷。在严

---

① 中央档案馆，中共中央文献研究室．中共中央文件选集（1949年10月—1966年5月）：第14册［M］．北京：人民出版社，2013：444.
② 毛泽东．毛泽东文集：第6卷［M］．北京：人民出版社，1999：437.
③ 邓小平．邓小平文选：第3卷［M］．北京：人民出版社，1993：373.

峻的背景下，以江泽民为核心的第三代党中央领导集体抓住机遇，依靠群众，迎难而上，把共同富裕融入了"三个代表"重要思想。"三个代表"重要思想是江泽民共同富裕思想的外化，"代表先进的生产力"，实现共同富裕的基础首先是生产力发达，社会物质财富极大丰富；"代表先进的文化"，发展文化事业，培育民族精神，富裕人民精神；"代表广大人民的最根本利益"，展现了中国共产党人始终以人民利益为出发点，为全体人民的幸福，走向共同富裕而奋斗。

　　进入 21 世纪以来，以胡锦涛为核心的党中央根据社会快速发展所处的复杂环境，面对逐渐暴露的各类发展隐患，为夯实经济发展的基础，持续推进全体人民共同富裕。胡锦涛提出了构建和谐社会和加快生态文明建设两项任务，中国特色社会主义总体布局从"三位一体"提升为"四位一体"和"五位一体"，党的十八大明确提出"五位一体"总体布局建设，实现不全面小康向更全面小康的转变。党的十八大报告提出了 2020 年全面建成小康社会的目标任务，向世人宣告了"小康社会"已由"全面建设"向"全面建成"奋进。报告中还强调了在新的历史条件下夺取新时代中国特色社会主义新胜利，必须牢牢把握"八大基本要求"，"必须坚持走共同富裕道路"就是其中之一。并且强调了"共同富裕是中国特色社会主义的根本原则。要朝着共同富裕方向稳步前进，使发展成果更多更公平惠及全体人民"①。新时代共同富裕思想是对中国传统共同富裕思想的传承创新、对马克思恩格斯共同富裕思想的继承创新和对党的十八大以前中国共产党历代领导人共同富裕思想的新发展。党的十八大以来，在以习近平同志为核心的党中央坚强领导下，共同富裕思想被赋予更为具体和深刻的时代内涵。习近平指出：

---

① 中共中央党史和文献研究院. 十八大以来重要文献选编：上［M］. 北京：中央文献出版社，2014：12.

"共同富裕是社会主义的本质要求，是中国式现代化的重要特征。我们说的共同富裕是全体人民共同富裕，是人民群众物质生活和精神生活都富裕，不是少数人的富裕，也不是整齐划一的平均主义。"①

三、农村集体经济的概念

农村集体经济亦称"农村集体所有制经济"，广泛存在于农村。《中华人民共和国宪法》规定："农村集体经济组织实行家庭承包经营为基础、统分结合的双层经营体制。农村中的生产、供销、信用、消费等各种形式的合作经济，是社会主义劳动群众集体所有制经济。"② 由此可以看出农村集体经济有三个特征：一是集体所有性。始终坚持集体所有，是农村集体经济的典型特征。生产资料是否属于集体所有，也是农村集体经济与合作经济的重要区别。二是主体联合性。集体成员之间的合作与联合，以及共同发展，是农村集体经济的又一典型特征，这也是其与个体经济的根本区别。三是形式多样性。在农村集体经济发展的不同历史时期，其具体形式和范围是在发展变化着的。

从学理角度理解，农村集体经济是一个所有制概念，是农村集体经济内在的本质属性，体现中国特色社会主义本质，坚持社会主义共同富裕道路，整合农民发展价值体系，提升农民主体力量，确保农民发展的社会主义方向等质的优越性；从现实运行角度理解，农村集体经济既是一种经营方式，也包括集体成员共同所有的实体经济组织或通过乡镇企业、集体控股企业以及由集体土地转让、品牌使用、合作经营等途径取得的物质性收益，内涵丰富完整的体系，需要不断升华认识，破除对其

---

① 习近平. 习近平谈治国理政：第4卷［M］. 北京：外文出版社，2022：142.
② 中华人民共和国宪法［M］. 北京：法律出版社，2018：52.

的狭隘理解和粗浅归类。农村集体经济具有制度、体制和机制多个层面的含义。从制度层面上看，农村集体经济强调的是生产资料集体所有的公有制性质，这是必须坚持和发展的。从体制层面上看，在农村基本经营制度下发展起来的新型集体经济实际上是在合作经济基础上的"再合作"。在土地集体所有制的前提条件下，广大农民群众通过多种方式重新进行财产合作和劳动合作，以解决一家一户办不了、办不好、办好了不合算的事情。从财产合作看，许多农村新型集体经济将农民"分"到的土地承包权，通过"返租倒包"等形式重新收回集体经营，采用现代化的耕作方式发展规模农业，以适应农村生产力的发展水平与发展要求。从机制上看，农村集体经济主要是促进各种生产要素的活跃，以利益最大化为驱动力，创新农民生产经营的多种结合形式，调动农民的生产积极性和创造性，如农民合作社、农民股份合作社、家庭农场等。所有制在法律上主要表现为所有权，其完整形式是占有权、使用权、收益权、处置权的四权统一。

四、农村集体经济的理论来源

（一）马克思主义经典作家关于农村集体经济的思想

马克思对于集体所有制的阐述是以研究资本主义生产关系为起点的。马克思指出："在大工业和竞争中，各个人的一切生存条件、一切制约性、一切片面性都融合为两种最简单的形式——私有制和劳动。"①他认为在这样的社会中，人的交往不再是单纯的，而是一定条件下的交往，因为在大工业社会，人屈从于分工劳动，而分工最初就"包含着

---

① 中共中央马克思恩格斯列宁斯大林著作编译局. 马克思恩格斯全集：第 3 卷［M］.
北京：人民出版社，1960：96.

劳动条件、劳动工具和材料的分配"。这是有局限性的，无产阶级的这种占有必须通过具有普遍性的联合才能实现，即只有通过革命的方式，旧的生产方式和旧的交往方式才会被彻底打倒。在马克思构想的共产主义社会中，全部生产资料，包括土地，都是归集体所有的。但是自奴隶时代以来，农民一直是"痴情地迷恋着那一小块土地和他对这块土地的纯粹有名无实的所有权"，哪怕他们"因所有权的名义而遭受榨取、苦役和贫困的煎熬"。为了帮助农民摆脱这些压迫，马克思、恩格斯提出通过合作经济改造小农。恩格斯强调，无产阶级革命胜利以后，关键是要使农民理解，"挽救和保全他们的房产和田产，只有把它们变成合作社的占有和合作社的生产才能做到"①，这是农民利益唯一得救的途径。显然，在马克思的论述中，合作经济是集体所有制下集体经济的道路。因为随着生产力的发展、人口的增加和集中，在农业中也必然将土地集合起来，采取集体的、有组织的劳动，使用灌溉、机器、化肥等现代生产方法，因而单一的、分散的小农生产方式将不再适应新的生产力的发展，必将被抛弃。

恩格斯在《法德农民问题》一文中谈到如何安排大规模经营后节省出来的劳动力时指出："这同时会保证总的社会领导机构有必要的影响，以便逐渐把农民合作社转变为更高级的形式，使整个合作社及其社员个人的权利和义务跟整个社会其他部门的权利和义务处于平等的地位。"② 集体所有制理论的最初实践始自苏联，主要表现为集体农庄所有制。"十月革命"胜利后，苏维埃政府实行的土地社会化法令使俄国

① 中共中央马克思恩格斯列宁斯大林著作编译局．马克思恩格斯文集：第4卷［M］．北京：人民出版社，2009：525.
② 中共中央马克思恩格斯列宁斯大林著作编译局．马克思恩格斯文集：第4卷［M］．北京：人民出版社，2009：525.

农村成为"小生产的汪洋大海",这虽然满足了农民的一时需求,但不符合社会主义的原则。所以,到了苏俄国内战争时期,为了加快向社会主义农业过渡,列宁提出逐步地、稳步地向"共耕制"过渡的思想。共耕制即土地公有、农具和牲畜公有,整个集体共同耕种,集中经营,统一分配。

列宁《论粮食税》中提出应利用国家资本主义作为小生产和社会主义之间的过渡环节。首先要以粮食税代替余粮收集制,并允许余粮的贸易自由。因为在列宁看来,粮食税只是由"特殊的'战时共产主义'向正常的社会主义的产品交换过渡的一种形式"①,这种政策只能是临时的。列宁通过对战时共产主义政策的全面反思和对经济文化落后国家向社会主义过渡的长期性、艰巨性和复杂性的深入分析,在统一全党认识的基础上,果断地推出了新经济政策。1921 年《粮食税法令》的颁布引起了对合作社条例的修改和对其自由、权利的扩大,列宁认为"完全有可能通过合作社建立社会主义"②。他明确指出:"单是合作社的发展也就等于(只有上述一点'小小的'例外)社会主义的发展。"③ 当然,列宁也强调要对合作社的发展进行监督、检查,需要对全体农民进行文化普及,而文化的提升是需要物质基础的,所以需要社会生产力发展到一定水平,而这可能需要十到二十年甚至更长时间。

(二)中国共产党人关于农村集体经济的理论

毛泽东根据中国的具体国情发展了列宁的合作制思想。1949 年毛

---

① 中共中央马克思恩格斯列宁斯大林著作编译局. 列宁专题文集:论社会主义 [M]. 北京:人民出版社,2009:217.
② 中共中央马克思恩格斯列宁斯大林著作编译局. 列宁专题文集:论社会主义 [M]. 北京:人民出版社,2009:348.
③ 中共中央马克思恩格斯列宁斯大林著作编译局. 列宁选集:第 4 卷 [M]. 北京:人民出版社,1995:773.

泽东指出："必须组织生产的、消费的和信用的合作社，和中央、省、市、县、区的合作社的领导机关。这种合作社是以私有制为基础的在无产阶级领导的国家政权管理之下的劳动人民群众的集体经济组织。中国人民的文化落后和没有合作社传统，可能使得我们遇到困难；但是可以组织，必须组织，必须推广和发展。单有国营经济而没有合作社经济，我们就不可能领导劳动人民的个体经济逐步地走向集体化，就不可能由新民主主义社会发展到将来的社会主义社会，就不可能巩固无产阶级在国家政权中的领导权。"[①] 新中国成立初期，"土地改革"后单个农户生产的局限性突显，阻碍着农村经济的进一步发展，1953 年在讨论农业问题时毛泽东阐述了之前发展的互助组只是集体劳动，没有涉及所有制问题，之后的发展应由"社会主义萌芽的互助组，进到半社会主义的合作社，再进到完全社会主义的合作社"[②]。在随后的社会主义改造中，毛泽东就农业合作化的具体实践形式发表了一系列文章，指出在实践中应注意的问题：建设前要做好准备工作，反对单纯追求数量，合作社应该做大发展；在农民群众中要系统、反复地宣传我党方针、政策，指出可能的困难，让农民做好思想准备；要根据实际情况，拟定多层次、多时间期限的农业合作化的全面规划。1958 年，中央决定把各地成立仅仅两年的高级农业生产合作社，普遍升级为人民公社。但在具体实践中，"人民公社化运动"过于追求建设速度，在初级社转变为高级社后取消土地分红，"工占农利"，并采用平均主义的分配方式，挫伤了部分农民的生产积极性。同时合作社的形式主要固定于生产领域中的种植业，排斥流通领域、信用领域等更多形式的发展，不利于农业生产的全

---

① 毛泽东．毛泽东选集：第 4 卷 [M]．北京：人民出版社，1991：1432．
② 毛泽东．毛泽东文集：第 6 卷 [M]．北京：人民出版社，1999：321．

面发展。①

改革开放后，随着我国农村集体经济实践的发展变化，农村集体经济的内涵也发生了许多变化。1984 年中央一号文件将土地承包期规定为 15 年；1991 年党的十三届八中全会报告明确规定，要把以家庭联产承包责任制、统分结合的双层经营体制作为我国一项基本制度长期稳定并不断充实完善。这一系列的政策被看作邓小平农业思想的第一个飞跃。1992 年邓小平在审阅党的十四大报告时指出："要提高农业机械化程度、利用科学技术发展，一家一户是做不到的，就是过一百年二百年，最终还是要走这条路。"② 进入新世纪，农村集体经济的发展变化更大，江泽民和胡锦涛等党和国家领导人继续稳定和发展邓小平提出的家庭联产承包责任制。1993 年中央 11 号文件将土地承包期再延长 30 年，第二轮承包期限从 1997 年延长至 2027 年；2008 年党的十七届三中全会提出要在规定期限内，对土地承包经营权进行确权登记颁证。③ 党的十八大以来，以习近平同志为核心的党中央从新时代历史条件出发，对发展壮大农村集体经济提出了一系列新论述、新理论、新论断，做出了一系列新部署、新决策，为新时代农村集体经济的发展指明了方向。2018 年，习近平在十九届中央政治局第八次集体学习时指出："实施乡村振兴战略，各级党委和党组织必须加强领导，汇聚起全党上下、社会各方的强大力量。要把好乡村振兴战略的政治方向，坚持农村土地集体

---

① 张旭，隋筱童. 我国农村集体经济发展的理论逻辑、历史脉络与改革方向［J］. 当代经济研究，2018（2）：28.
② 杨胜群，闫建琪. 邓小平年谱（1975—1997）［M］. 北京：中央文献出版社，2004：1350.
③ 张旭，隋筱童. 我国农村集体经济发展的理论逻辑、历史脉络与改革方向［J］. 当代经济研究，2018（2）：32.

所有制性质，发展新型集体经济，走共同富裕道路。"① 只有农村集体经济发展壮大，才会有经济实力解决农民群众在生产生活中遇到的困难，才会更好地改善农村的生产生活条件。要发展壮大村级集体经济，提升党组织凝聚、服务群众的能力。要不断解决突出矛盾和问题，推动农村基层党组织全面进步、全面过硬，为新时代乡村全面振兴提供坚强政治和组织保证。习近平总书记还结合当前的形势提出了深化农村集体产权制度改革的重大决策。2016 年，习近平在农村改革座谈会上指出："着力推进农村集体资产确权到户和股份合作制改革，发展多种形式股份合作，赋予农民对集体资产更多权能，赋予农民更多财产权利。"②

---

① 中共中央党史和文献研究院．习近平关于"三农"工作论述摘编［M］．北京：中央文献出版社，2019：194.

② 中共中央党史和文献研究院．习近平关于"三农"工作论述摘编［M］．北京：中央文献出版社，2019：260.

第二章

共同富裕进程中农村集体经济发展的内在逻辑

实现全体人民共同富裕是中国共产党人的坚定理想，是全国各族人民的共同期盼，是社会主义的本质要求。习近平总书记指出："农村共同富裕工作要抓紧，但不宜像脱贫攻坚那样提出统一的量化指标。要巩固拓展脱贫攻坚成果，对易返贫致贫人口要加强监测、及早干预，对脱贫县要扶上马送一程，确保不发生规模性返贫和新的致贫。要全面推进乡村振兴，加快农业产业化，盘活农村资产，增加农民财产性收入，使更多农村居民勤劳致富。"① 推进共同富裕要通过农民的腰包鼓不鼓、生活富裕不富裕来检验。生活富裕既是发展壮大农村集体经济课题中的应有之义，也是实现农民共同富裕的必然要求。自推进集体产权制度改革以来，农村集体经济发展与脱贫攻坚相互促进，不仅巩固了脱贫攻坚成果，而且实现了与发展壮大农村集体经济的有效衔接，为扎实推进共同富裕打下了良好基础。农村集体产权制度改革是党中央、国务院做出的一项重大决策部署，是实施发展壮大农村集体经济战略的重要抓手，对于保障农民权益、完善乡村治理、探索农村集体经济新的实现形式和运行机制具有重大意义。发展新型集体经济是引领农民实现共同富裕的

---

① 习近平．习近平谈治国理政：第 4 卷 [M]．北京：外文出版社，2022：146.

重要途径。促进共同富裕，最艰巨、最繁重的任务依然在农村。当下我国农村最大的优势，就是实行社会主义集体所有制。在农村基层党组织的领导和带领下，充分发挥好这一制度优势，把农民组织起来，形成既体现集体优越性又调动个人积极性的机制，是满足农民共同需求、防止两极分化、实现共同富裕的根本出路。集体经济的发展壮大既有利于促进农村产业发展，增加农民就业机会和劳动收入，把"蛋糕"做大，又有利于增加集体公共积累和财力，为集体成员提供更多福利，把"蛋糕"分好。在集体的引领下，也会有许多先富裕起来的人加入"带后富"的行列中来。

一、共同富裕进程中农村集体经济发展的理论逻辑

（一）马克思主义经典作家关于农业农村与共同富裕关系的论述

马克思主义经典作家虽然没有直接提到共同富裕，但相关论述集中体现了共同富裕思想，并对农业农村发展与共同富裕的关系进行了科学阐释。一是马克思主义语境中的共同富裕，狭义上是指在生产资料社会所有制的基础上，劳动者以按劳分配方式实现生活资料平等占有的状态；广义上是指全体社会成员在生产资料社会所有制基础上通过联合劳动生产和共享社会总产品的平等状态。[①] 不论狭义还是广义，"消灭私有制"，使生产资料由全体社会成员共同占有，促使社会生产力不断发展，是实现共同富裕的一般物质基础和重要前提。

二是马克思主义经典作家揭示了实现共同富裕的科学规律和发展农业的重要地位。马克思指出："只有在共同体中，个人才能获得全面发

---

① 赵学清. 马克思共同富裕思想再探讨 [J]. 中国特色社会主义研究，2014（6）.

展其才能的手段，也就是说，只有在共同体中才可能有个人自由。"①
这是马克思对"每个人全面而自由地发展"实现的蓝图构想。只有当
社会生产力得到极大发展，物质生活极大丰富，建立生产资料社会共有
的社会主义社会，才能真正消灭因生产资料私人占有而引起的剥削和不
平等，建立每个人自由而全面发展的共同体，实现全社会的共同富裕。
马克思主义经典作家提出了实现全社会共同富裕的科学路径。其中，农
业作为人类历史上的重要物质资料生产部门，"农业劳动是其他一切劳
动得以独立存在的自然基础和前提"②，只有解决了最基本的生存物质
需求后，人类才能投身于政治、科学、艺术等事务。马克思、恩格斯科
学地揭示了农业的重要地位，指出了农业是实现社会繁荣发展的重要
根基。

三是马克思主义经典作家指出了实现共同富裕的历史必然和城乡融
合发展路径。马克思在《资本论》中指出："资本主义生产由于自然过
程的必然性，造成了对自身的否定。这是否定的否定……也就是说，在
协作和对土地及靠劳动本身生产的生产资料的共同占有的基础上，重新
建立个人所有制"③，这是社会主义能够消除资本主义私有制带来的剥
削和社会不平等的根源，也是资本主义终将灭亡、社会主义取代资本主
义的必然原因，即社会生产资料由以公有制为基础的全体社会成员共同
占有。《资本论》中的这一重要论断是马克思主义共同富裕思想最权威

---

① 中共中央马克思恩格斯列宁斯大林著作编译局. 马克思恩格斯文集：第 1 卷 ［M］.
北京：人民出版社，2009：571.
② 中共中央马克思恩格斯列宁斯大林著作编译局. 马克思恩格斯全集：第 33 卷 ［M］.
北京：人民出版社，2004：27.
③ 中共中央马克思恩格斯列宁斯大林著作编译局. 马克思恩格斯文集：第 5 卷 ［M］.
北京：人民出版社，2009：874.

的理论阐述①，也是社会主义能够且一定能够实现共同富裕的科学依据。同时，马克思主义经典作家还提出实现共同富裕就要缩小城乡差距。资本主义的大规模工业化生产虽然在一定程度上促进了社会生产力的发展，但在工业生产过程中也造成了城市与乡村之间的对立和差距，而严重分化的城市和农村难以实现人的自由而全面的发展。对此，马克思、恩格斯提出："通过城乡的融合，使社会全体成员的才能得到全面发展。"② 以公有制为基础，有计划地利用各种生产要素，尽量满足城乡之间全体社会成员的共同需要，走城市与乡村融合发展的道路，促使社会全体成员得到自由而全面的发展。马克思运用唯物史观和剩余价值学说对农业农村发展与共同富裕的关系进行了阐释，使共同富裕从理想转变为具有历史必然性的发展道路。因此，从某种意义上说，马克思主义理论就是关于实现全体人民共同富裕的理论。

（二）中国共产党人关于农业农村发展与共同富裕关系的论述

中国共产党自成立以来就把马克思主义基本原理与中国实际相结合，探索和创造出一条具有中国特色的社会主义道路。在推进共同富裕进程中把农业农村发展作为目的实现的必由之路。1953 年 12 月，毛泽东在《关于发展农业生产合作社的决议》中指出："为着进一步地提高农业生产力……逐步实行农业的社会主义改造，使农业能够由落后的小规模的个体经济变为先进的大规模生产的合作经济，以便克服工业和农业这两个经济部门发展不相适应的矛盾，并使农民能够逐步完全摆脱贫

---

① 赵学清. 马克思共同富裕思想探讨 [J]. 中国特色社会主义研究，2014 (4)：54.
② 中共中央马克思恩格斯列宁斯大林著作编译局. 马克思恩格斯选集：第 1 卷 [M]. 北京：人民出版社，2012：308-309.

困的状况而取得共同富裕和普遍繁荣的生活。"① 由此可以看出，农民的共同富裕依托于农业的高度发展，全社会的共同富裕依托于农业生产力的高度发展。因此，要实现农民的共同富裕就要提高农业生产力，通过农业的长足发展，实现农村的普遍繁荣和农民的共同富裕。1955 年 7 月，毛泽东在《关于农业合作化问题》的报告中指出："逐步地实现对于整个农业的社会主义的改造，即实行合作化，在农村中消灭富农经济制度和个体经济制度，使全体农村人民共同富裕起来。"② 同年 10 月，毛泽东在中国共产党第七届中央委员会扩大的第六次会议上再次指出："使农民群众共同富裕起来，穷的要富裕，所有农民都要富裕，并且富裕的程度要大大地超过现在的富裕农民。"③ 毛泽东提出的共同富裕是建立在农业高度发展、农村普遍繁荣、农民共同富裕基础上的，是没有阶级压迫和剥削的共同富裕，是人民群众都能富裕起来的美好社会，共同富裕的实现首先要靠社会主义改造，尤其是对农业的社会主义改造。毛泽东提出的共同富裕理念不仅是对马克思主义共同富裕思想的继承和发展，而且为后来进一步继承和发扬中国特色的共同富裕思想奠定了基础、提供了框架。

党的十一届三中全会后，以邓小平同志为主要代表的中国共产党人提出共同富裕是社会主义的本质要求，探索出"先富带后富"的实践路径。邓小平指出："社会主义的本质，是解放生产力，发展生产力，消灭剥削，消除两极分化，最终达到共同富裕。"④ 将实现全体人民的

---

① 中共中央文献研究室．建国以来重要文献选编：第 4 册［M］．北京：中央文献出版社，1993：661-662.
② 毛泽东．毛泽东文集：第 6 卷［M］．北京：人民出版社，1999：437.
③ 中共中央文献研究室．建国以来重要文献选编：第 7 册［M］．北京：中央文献出版社，1993：308.
④ 邓小平．邓小平文选：第 3 卷［M］．北京：人民出版社，1993：373.

共同富裕提升为社会主义的本质要求，这是立足中国发展经验、结合中国实际提出的具有中国特色的共同富裕思想。共同富裕的发展一定是一个螺旋上升的过程，要辩证统一地看待先富和后富的关系，"我们的政策是让一部分人、一部分地区先富起来，以带动和帮助落后的地区，先进地区帮助落后地区是一个义务。我们坚持走社会主义道路，根本目标是实现共同富裕"①，但在实现共同富裕的道路上，"从中国的实际出发，我们首先解决农村问题……没有农村这一稳定的基础是不行的"②，因为"农民没有摆脱贫困，就是我国没有摆脱贫困"③。所以如果没有实现农业发达、农村发展、农民富裕的目标，就难以实现全社会共同富裕。邓小平在改革开放后，结合中国发展实际，继承和发展了毛泽东关于共同富裕的重要论述，创造性地提出"先富带后富"的实践方略，并指出共同富裕是社会主义的本质体现，指出了"三农"发展的基础地位，开辟了具有中国特色的社会主义道路。

随着改革开放的不断深入，我国经济发展水平得到显著提升。在此基础上，江泽民提出各地区之间要协调发展，指出"逐步缩小地区之间的发展差距，实现全国经济社会协调发展，最终达到全体人民共同富裕，是社会主义的本质要求"④。在农业发展方面，江泽民强调："农业是国民经济的基础，必须坚持把加强农业放在首位，全面振兴农村经济。"⑤"三农"问题的解决和乡村的发展关系到整个经济发展的根本，"没有农村的稳定，就不可能有我国整个社会的稳定；没有农民的小康，就不可能有全国人民的小康；没有农业的现代化，就不可能有整个

---

① 邓小平.邓小平文选：第3卷［M］.北京：人民出版社，1993：155.
② 邓小平.邓小平文选：第3卷［M］.北京：人民出版社，1993：65.
③ 邓小平.邓小平文选：第3卷［M］.北京：人民出版社，1993：237.
④ 江泽民.江泽民文选：第2卷［M］.北京：人民出版社，2006：340.
⑤ 江泽民.江泽民文选：第1卷［M］.北京：人民出版社，2006：231.

国民经济的现代化"①。要实现全体人民的共同富裕,就必须打牢"三农"工作的坚实基础,不断加强地区之间的联系,缩小地区之间的差距,繁荣农业,振兴乡村。江泽民在邓小平提出的"先富带后富"方略基础上进一步提出"效率优先、兼顾公平",强调"三农"工作的基础性地位不能动摇。进入 21 世纪以后,针对我国城乡之间的发展不平衡不充分问题,胡锦涛提出走城乡协调发展道路。加强城乡之间、地区之间协调发展,发挥城市对农村的带动作用、工业对农业的反哺作用。我国是农业大国,农村人口多,农民基数大,要实现全体人民的共同富裕,必须"坚持把解决好农业、农村、农民问题作为全党工作的重中之重"②,推进社会主义新农村建设,缩小城乡差距,提升农业发展水平,提高农民生活质量,实现城乡协调发展。

党的十八大以来,以习近平同志为核心的党中央统筹把握"两个大局",将实现共同富裕作为中国特色社会主义发展的必经之路,提出一系列关于扎实推动共同富裕的新思想、新理念、新观点。习近平在继承马克思主义共同富裕思想的基础上进一步提出:"共同富裕是社会主义的本质要求,是中国式现代化的重要特征。"③ 新时代的共同富裕是全体人民的共同富裕,不是一部分人,更不是少部分人的富裕;是物质生活和精神生活的双重富裕,不是单一的经济富裕;是分阶段、分程度的共同富裕,不是同时、同质的共同富裕。当前,脱贫攻坚已经取得全面胜利,这既为新发展阶段推动共同富裕创造了良好条件,也为继续走共同富裕道路打下了坚实基础。"脱贫摘帽不是终点,而是新生活、新

---

① 江泽民.江泽民文选:第 1 卷 [M].北京:人民出版社,2006:259.
② 胡锦涛.胡锦涛文选:第 2 卷 [M].北京:人民出版社,2016:247.
③ 习近平.扎实推动共同富裕 [J].求是,2021 (20):142.

奋斗的起点。"① 要在巩固脱贫攻坚成果的基础上，继续做好发展壮大农村集体经济这篇大文章，坚定走共同富裕道路。习近平强调："促进共同富裕，最艰巨最繁重的任务仍然在农村。"② 没有农民农村的共同富裕，就没有全体人民的共同富裕，所以促进共同富裕，"要全面推进发展壮大农村集体经济，加快农业产业化，盘活农村资产，增加农民财产性收入，使更多农村居民勤劳致富"③，巩固和拓展脱贫攻坚成果，加强农村基础设施建设，改善农村居住环境和生态环境，加强农村公共服务体系建设，促进基本公共服务均等化。习近平关于共同富裕的系列重要论述赋予了共同富裕新的时代内涵，为推动实现全体人民共同富裕指明了实践路径，明确了促进共同富裕的基本原则和总体思路，为新时代在高质量发展中扎实推动共同富裕提供了思想指引和精神动力。习近平关于共同富裕的系列重要论述是在继承马克思主义共同富裕思想基础上的创新和发展，是新时代中国共产党人实现共同富裕的行动指南，也为世界上其他国家解决贫困问题和实现共同富裕贡献了中国智慧。

二、共同富裕进程中农村集体经济发展的历史逻辑

从中国共产党百年奋斗的历史经验中可以发现，中国共产党人在不同时期、不同阶段都会通过对农业农村的改革，推动农业农村发展，提升农民生活水平，促进农民共同富裕。

（一）共同富裕的理想追寻：土地所有制改革

中国共产党成立初期，农民占人口的绝大多数且生活十分困苦，要

---

① 关于实现巩固拓展脱贫攻坚成果同乡村振兴有效衔接的意见 [N]．人民日报，2021-03-23 (01)．

② 习近平．扎实推动共同富裕 [J]．求是，2021 (20)：146．

③ 习近平．扎实推动共同富裕 [J]．求是，2021 (20)：146．

解决农民贫苦问题，让农民过上幸福生活，首先要解决的就是农民的土地问题。因此，中国共产党在土地革命战争时期颁布了农村革命根据地的第一部土地法——《井冈山土地法》，废除了封建土地所有制，把过于集中的土地资源重新分配，实现"耕者有其田"，极大提升了农民劳动的积极性。全面抗战时期，中国共产党通过实行"减租减息"政策，减轻农民负担，同时兴修水利，发展农业，推动农村经济发展。解放战争时期，中国共产党领导农民开展土地改革，消灭了存在上千年的封建土地制度，打破了农民身上的封建枷锁，从根本上改变了农村的生产关系，让农民翻身成为土地的主人。中国共产党带领人民追寻共同富裕伊始，就是以促进农业、农村、农民发展为主线，聚焦土地革命和土地改革，改变农村生产关系，通过对农村的建设和发展，探索实现共同富裕的具体路径。不论是将已有的土地重新分配给农民，还是通过艰苦奋斗开荒南泥湾，都是对土地这一关键性生产要素占有的再分配，都体现了中国共产党人对社会主义理想信念的实践和对全体人民共同富裕的追寻。

（二）共同富裕的初次探索：农业集体化

中华人民共和国成立后，面对经济落后、资源不足的困境，中国共产党领导人民完成了社会主义改造，确立了社会主义基本制度。通过学习借鉴苏联模式建设社会主义，完成了对资本主义工商业的改造，逐渐过渡到社会主义社会。中国共产党在这一时期大力发展国营经济和合作经济，同时以农业集体化为主线，推行农业合作社，为实现共同富裕奠定了制度基础。克服小农户分散生产的个体自然经济缺陷的唯一办法就是农业集体化[①]，"这是人民群众得到解放的必由之路，由穷苦变富裕

---

① 中共中央文献研究室，中央档案馆. 建党以来重要文献选编：第二十册［M］. 北京：中央文献出版社，2011：641.

的必由之路"①，因此中国共产党在推行农业集体化的进程中，一是推行农业合作社，建立起具有社会主义性质的农业生产模式，从根源上缓解农村贫苦落后状况；二是创立合作医疗制度，改变了农村医疗资源极度匮乏的局面，农村贫苦群众有了最基本的医疗保障；三是大力发展农村基础教育，通过夜校、农村广播、扫文盲活动，提升农村群众教育水平。这些措施推动了农村社会生产力的发展，从根本上缓解了农村落后和农民贫苦的局面。新中国在社会主义制度基本确立之后，进一步开展人民公社化运动。由于"大跃进"过度强调平均主义和计划分配，把共同富裕看作平均富裕、同步富裕，使社会主义建设遭受挫折。但这一时期对社会主义性质的农业农村建设以及对促进共同富裕的实践探索，为中国共产党后来提出共同富裕的创新实践提供了宝贵经验。

（三）共同富裕的路径创新：农村市场化改革与以人为本

党的十一届三中全会后，结合我国农村发展的实际情况，改革农村经济体制，推行家庭联产承包责任制，解放农村生产力，释放农村经济活力，极大提高了农民生产的积极性。1982—1986 年，中央连续 5 年发布以"三农"为主题的一号文件，可以看出中央对"三农"问题的高度重视。在这一背景下，国家采取了一系列措施对农村经济体制进行改革。一是推行家庭联产承包责任制。"联产承包制采取了统一经营与分散经营相结合的原则，使集体优越性和个人积极性同时得到发挥。"②在确保土地公有制的基础上，实行农村土地包产到户，充分激发了农民的生产积极性。二是农产品统派购制度改革。把粮食统购改为合同定

---

① 中共中央文献研究室，中央档案馆．建党以来重要文献选编：第二十册 [M]．北京：中央文献出版社，2011：642．

② 中共中央文献研究室．十二大以来重要文献选编：上册 [M]．北京：中央文献出版社，2011：216．

购，并且适当减少合同定购数量，扩大市场议价收购比重，以保护和鼓励农民生产和交售粮食的积极性。① 三是农产品流通体制改革。开放木材市场，允许林农和集体的木材自由上市②，推动农村商品经济快速发展。四是农业税费体制改革，引导和促进乡镇企业发展，帮助农民"减负增收"，推进农业农村经济结构调整。

随着农村经济体制改革的不断深入，农村市场化建设取得一定成效，农业综合发展水平不断提高，农民的生产生活发生了根本性改变，但也暴露出一些问题。一是城乡之间、工农之间的收入差距不断扩大，形成"倒丁字"型收入分配结构，发展不平衡问题突出。二是农村市场化建设不断深入，但配套机制体制不完善不健全，农村经济发展的市场化风险不断增大。三是农村法治建设薄弱，相关法律规制不健全，村民法律意识不强，影响了农村法治社会建设进程。四是村级党组织建设缺位、失位现象频出，村"两委"矛盾突出，村级党组织功能弱化、虚化和边缘化问题突出。针对经济体制改革出现的城乡之间、区域之间发展不平衡不协调等问题，党的十六届三中全会提出："坚持以人为本，树立全面、协调、可持续的发展观，促进经济社会和人的全面发展。"③ "以人为本"的发展观强调从人民群众的根本利益出发谋划和促进发展，始终把实现好、维护好、发展好最广大人民的根本利益作为党和国家各项工作的出发点和落脚点，促进共同富裕建设迈上新台阶。

（四）共同富裕的扎实推进：脱贫攻坚与发展农村集体经济相衔接

党的十八大提出："中国特色社会主义道路，就是在中国共产党的

---

① 中共中央文献研究室.十二大以来重要文献选编：中册［M］.北京：中央文献出版社，2011：322.

② 中共中央文献研究室.十二大以来重要文献选编：中册［M］.北京：中央文献出版社，2011：322.

③ 中共十六届三中全会在京举行［N］.人民日报，2003-10-15（01）.

领导下，立足基本国情，以经济建设为中心……促进人的全面发展，逐步实现全体人民共同富裕。"① 在实现共同富裕的道路上，"解决好农业农村农民问题是全党工作重中之重"②，"三农"问题的解决是实现全体人民共同富裕的关键。因此，中国共产党在领导人民全面建成小康社会时更加聚焦于解决农村的绝对贫困问题。2013 年习近平在湖南考察时提出"要分类指导，把工作做细，精准乡村振兴"。在精准乡村振兴、脱贫攻坚、消除绝对贫困的过程中，中国共产党带领人民走出了中国特色的共同富裕实践道路，靠的是始终坚持党的统一领导、坚持广大农民的主体地位、坚持农业农村的全面发展。在"三农"工作方面，党的十八届五中全会要求："农业现代化取得明显进展，人民生活水平和质量普遍提高，我国现行标准下农村贫困人口实现脱贫，贫困县全部摘帽，解决区域性整体贫困。"③ 2016 年、2017 年的中央一号文件连续两年围绕全面建成小康社会这一总目标和脱贫攻坚这一总任务，明确指出要用新的发展理念破解"三农"工作中出现的新难题，要激发贫困人口自身脱贫致富的主观能动性，扎实推进脱贫攻坚工作。党的十八大以来，脱贫攻坚工作在各地不断深入开展，农业农村发展不断迈上新台阶，农民生活水平不断提升。这是因为中国共产党始终将实现好、维护好、发展好最广大人民的根本利益作为出发点和落脚点，保障农民生活水平，维护农村社会和谐，促进农村经济繁荣，不断夯实党在农村的执政根基，稳步迈向共同富裕。

---

① 坚定不移沿着中国特色社会主义道路前进　为全面建成小康社会而奋斗——胡锦涛同志代表第十七届中央委员会向大会作的报告摘登 [N]．人民日报，2012-11-09（01）．
② 坚定不移沿着中国特色社会主义道路前进　为全面建成小康社会而奋斗——胡锦涛同志代表第十七届中央委员会向大会作的报告摘登 [N]．人民日报，2012-11-09（01）．
③ 中共十八届五中全会在京举行 [N]．人民日报，2015-10-30.

党的十九大报告指出，中国特色社会主义进入新时代，社会的主要矛盾已经转化为人民日益增长的美好生活需要和不平衡不充分的发展之间的矛盾。① 随着社会主要矛盾的转变，实现共同富裕成为中国特色社会主义新时代的基本目标②，同时"必须坚持以人民为中心的发展思想，不断促进人的全面发展、全体人民共同富裕"③。新时代是全国各族人民团结奋斗、不断创造美好生活、逐步实现全体人民共同富裕的时代。中国共产党带领人民消除了绝对贫困，打赢了脱贫攻坚这场硬仗，全面建成了小康社会，为促进共同富裕奠定了坚实基础，创造了良好条件。在全面建成小康社会实现共同富裕的进程中，实施发展壮大农村集体经济战略，推动城乡协调发展，既是实现共同富裕的基本路径，也是共同富裕本身的体现。④ 因此，实施发展壮大农村集体经济战略既是巩固脱贫攻坚成果、解决新时代社会主要矛盾、实现"两个一百年"奋斗目标的必然要求，也是扎实推进全体人民共同富裕的必然要求。

三、共同富裕进程中农村集体经济发展的现实逻辑

党的十八大以来，在以习近平同志为核心的党中央把握新时代发展中的新变化，把促进共同富裕摆在更加重要的位置。2020 年实现全面建成小康社会宏伟目标，历史性地解决了绝对贫困问题，为促进共同富裕创造了良好条件，正在意气风发地向着全面建成社会主义现代化强国

---

① 习近平. 决胜全面建成小康社会 夺取新时代中国特色社会主义伟大胜利——在中国共产党第十九次全国代表大会上的报告 [N]. 人民日报，2017-10-28（01）.
② 习近平. 决胜全面建成小康社会 夺取新时代中国特色社会主义伟大胜利——在中国共产党第十九次全国代表大会上的报告 [N]. 人民日报，2017-10-28（01）.
③ 习近平. 决胜全面建成小康社会 夺取新时代中国特色社会主义伟大胜利——在中国共产党第十九次全国代表大会上的报告 [N]. 人民日报，2017-10-28（01）.
④ 陈周旺，韩星梅. 共同富裕：改革开放中国家再分配能力建设的着力点 [J]. 探索，2019（3）.

的第二个百年奋斗目标迈进，扎实推动共同富裕成为新时代的重要使命。而农村集体经济焕发出新的活力，也成为实现发展壮大农村集体经济战略和农业农村现代化，促进农村发展、农民增收致富的重要路径，对促进全体人民共同富裕有着重大的现实意义。

（一）实现共同富裕必须发展村级集体经济

村级集体经济是社会主义公有制经济的重要形式。村级集体经济组织是具有中国特色的农村经济组织，对巩固党在农村的执政基础，维护社会主义公有制，促进共同富裕具有重要的制度保障。发展壮大村级集体经济，有利于将社会主义公有制的制度优势转化为推动乡村全面振兴、实现共同富裕的强大动力；有利于发挥农村集体经济组织优势，盘活农村"沉睡"资源资产，提升乡村自我发展能力，缩小城乡发展差距，实现城乡融合发展、共同富裕；有利于深化农村改革，维护农民土地承包权、宅基地使用权、集体收益分配权等财产权益，增加财产性收入，让农民群众成为集体经济发展的参与者、受益者，让农民与集体经济一起走向共同富裕。

（二）发展村级集体经济是农村缩小贫富差距必由路径

农村地区全面脱贫之后，不断减少低收入群体的数量，帮助其持续增收就显得更加重要。发展壮大农村集体经济，使各级财政支农惠农资金、项目增加了一个直达基层的载体，也让脱贫攻坚后的"边缘户""易返贫户"的持续增收有了更多保障。发展村级集体经济，有利于农村土地的集约使用，有利于"接二连三"延长产业链条，引导农民靠勤劳智慧来创造美好生活、实现共同富裕，同时集体经济可以为低收入群体提供家门口的就业岗位，增加工资性收入；可以通过资源股获得分红，增加财产性收入；还可以通过集体经济收益获得转移支付和公益补贴。

（三）发展村级集体经济是夯实党在农村执政基础的重要保障

农村集体经济通过产权改革，减少权力寻租行为，有利于提升村党支部的凝聚力，是巩固农村基层政权的有效形式，是实现农村共同富裕的组织保障。农村集体经济在实现全体成员共享收益的同时，显著提升了农户的参与度和幸福感，与基层党组织形成了凝心聚力共发展的良好格局。发展农村集体经济使"闲置资产"的收益直接增加，纠正了部分农村基层组织把集体资源简单化处理的行为，减少了"贱卖贱租"等权力寻租的腐败行为发生，实现农村资源和资产的保值增值，较为明显地增加了集体收益，保障了农民权益，赢得了群众认可。通过发展壮大农村集体经济，农村基层组织凝聚服务群众的能力有了物质上的支撑，实现了农村基层干部素质的提升和结构优化，农村基层党组织的凝聚力和战斗力得到增强，有利于进一步巩固党执政的基层基础。集体经济发展得好，村级组织就有钱为村民办实事、办好事，既解决了农村公共服务和公益事业中"无钱办事"的难题，提升了村级组织的公共服务能力，又通过与农民建立更紧密的利益联结，提高了农民集体意识，巩固了乡村治理的群众基础，还通过引入新型农业经营主体和各界社会力量，壮大了乡村社会治理的主体力量，推进基层社会治理体系和治理能力现代化。

总而言之，从理论逻辑、历史逻辑和现实逻辑来看，发展壮大农村集体经济对共同富裕具有根本性、全局性和长期性的促进作用。民族要复兴，乡村必振兴。发展壮大农村集体经济顺应亿万农民对美好生活的向往，是扎实推进农村共同富裕的必由之路，是实现中华民族伟大复兴的一项重大任务。在新的发展阶段发展壮大农村集体经济道路是实现共同富裕的必然选择，具有鲜明的时代特征和中国特色。依据理论、镜鉴历史、立足现实、全面推进发展壮大农村集体经济，不断促进全体人民共同富裕。当前，中国共产党领导人民进入扎实推动共同富裕的新阶段。要实现全体人民的共同富裕，就需要坚持全面推进发展壮大农村集体经济，加快农业农村现代化建设，补齐乡村建设短板，分阶段逐步促进共同富裕。通过发展壮大农村集体经济，不断转变农业生产方式，构建现代农业产业体系、经营体系和服务体系，促进农业现代化发展；通过发展壮大农村集体经济，不断加强新农村建设，全面改善乡村生产生活条件，促进乡村现代化发展；通过发展壮大农村集体经济，不断增进农民福祉，全面提升农民获得感、幸福感、安全感，促进社会公平正义；通过发展壮大农村集体经济，让亿万农民走上共同富裕的道路，汇聚起迈向社会主义现代化建设的磅礴力量，为实现全体人民的共同富裕奠定坚实基础。

第三章

共同富裕进程中边境地区农村集体经济发展的意义及原则

扎实推进共同富裕已成为顺利实现中华民族第二个百年奋斗目标的着力点。缩小城乡差距、增进农民福祉是共同富裕取得实质性进展的重要标志。农村集体经济是社会主义公有制在农村的重要体现，兼具社会职能和经济职能，对增加农民财产收益、提升乡村公共福祉具有重要作用。因此，发展农村集体经济已成为推动乡村全面振兴、促进农民走向共同富裕的重要抓手。

一、共同富裕进程中边境地区农村集体经济发展的意义

（一）农村集体经济是铸牢中华民族共同体意识的物质基础

习近平总书记指出："没有民族地区的全面小康和现代化，就没有全国的全面小康和现代化。我们要加快少数民族和民族地区发展，推进基本公共服务均等化。"[①] 边境地区在推进共同富裕进程中，首先要围绕铸牢中华民族共同体，在边境地区建设中华民族共有的精神家园，增进边境地区各族人民对祖国、对中华民族、对中华文化、对中国共产党、对中国特色社会主义的认同。新发展阶段适逢世界百年未有之大变

---

① 习近平. 习近平谈治国理政：第3卷［M］. 北京：外文出版社，2020：300.

局，边境地区在新的历史方位上，只有把国家安全、祖国统一放在最高位置上，将铸牢中华民族共同体意识作为边境地区推动实现高质量发展的基石，实现全体人民共同富裕才能有国家稳固的基础。当前，边境地区已越来越成为国家对外交往的热点区域，与周边国家互动交流的频次在增多，通过深入实施农村集体经济，促进边境发展和边民富裕，帮助边境地区居民解决生产生活的后顾之忧，开展爱国主义和民族团结宣传教育，牢固树立"汉族离不开少数民族，少数民族离不开汉族，少数民族之间也相互离不开"的思想，培育中华民族共同体意识和国家意识。引导边境居民增加国家认同感和自豪感，增强其安心生活和定心戍边的信心。推动实现各族人民真正意义上的平等，巩固边境地区各族人民大团结，切实提升他们对伟大祖国、对中华民族、对中华文化、对中国共产党、对中国特色社会主义的认同。"全面建成小康社会，一个民族不能少；实现中华民族伟大复兴，一个民族也不能少。"体现了中华民族优良传统，更是铸牢中华民族共同体意识的生动写照。

（二）农村集体经济是铸牢国家安全屏障的内在要求

新发展阶段边境地区的经济起点本身比东部沿海地区低，边境地区谋求共同富裕首先要跳出线性发展观的局限，把边境地区民族地区从经济增长的线性梯度结构中解放出来。边境地区囿于地理区位和气候条件的限制，如百色市那坡县域内 2/3 以上地形为山地和丘陵，土地资源、水资源严重匮乏，自然环境恶劣，农牧业发展先天性条件不足。区位条件差，交通不便，市场可达性差，运输成本高，一、二、三产业发展受到限制；生态环境脆弱，石漠化地区多，林地面积少且多为生态保护区，工业生产发展困难；边境一线居民居住分散，边贸互市点少，电商、物流等新兴服务业发展较慢。在百色学院马克思主义学院组织开展的巩固脱贫攻坚成果和衔接乡村振兴的课题调研中发现，有 45.86% 的村民认为导致农村贫困的主要原因是自然环境较差，如耕地少，交通、农田水利等设施落后；67.19%的村民认为农产品不好销售且价格低；55.93%的村民认为没有第三方企业带动；54.94%的村民认为致富带头人少，乡贤作用没有发挥；48.04%的村民认为缺乏有规模的产业；44.63%的村民认为农产品的生产成本高。因此，边境地区以相同的经济指标来追赶东部沿海地区是不符合边境地区实际情况的，实际上也很难实现。2020年，中共中央国务院出台的《关于新时代推进西部大开发形成新格局的指导意见》指出："到2035年，西部地区基本实现社会主义现代化，基本公共服务、基础设施通达程度、人民生活水平与东部地区大体相当，努力实现不同类型地区互补发展、东西双向开放协同并进、民族边境地区繁荣安全稳固、人与自然和谐共生。"① 边境地区要实现共同富裕，不能重复东部地区走过的道路，实践已经证明，片面地追求经济增长值并不能带给人民足够的获得感，对生态环境破坏的代价更是难以估量。边境地区是边民生活之地，也是国家的生态屏障和国家政治安全的屏障。同时，边境地区人民还承担着守疆卫土的重担，因此边境地区的生态发展和政治稳定远比经济发展重要得多。边境地区发展壮大农村集体经济应实现人与自然的和谐共生，为推进共同富裕保障生态安全。边境地区是我国重要的战略资源储备区，是我国重要的生态安全屏障和国防安全屏障，战略地位十分重要。农村集体经济通过大力推进重大生态工程建设，加强重点区域、流域生态建设和环境保护，构筑以草原和天然林为主体、生态系统良性循环、人与自然和谐相处的国家生态安全屏障。建设国门生物安全体系，健全国门生物安全查验机制，严防动植物疫病疫情传入。统筹考虑将符合条件的边境县优先纳入

---

① 中共中央国务院关于新时代推进西部大开发形成新格局的指导意见［N］．人民日报，2020-5-18（1）．

国家重点生态功能区，建立生态保护补偿机制。积极开展边境地区爱国守边教育，建设国防巩固机制，兼顾民用需要，实施军民融合发展工程，增强基础设施军民共用的协调性。加强边防基础设施建设，提高边境综合防卫管控能力，维护边境地区安全稳定，为边境地区铸造坚实的生态和国防安全屏障。

二、共同富裕进程中边境地区农村集体经济发展的基本原则

发展村级集体经济，是实施乡村振兴战略的重大举措，是实现农民农村共同富裕的物质基础。当下我国正处在从全面小康迈向共同富裕的新发展阶段，发展农村集体经济是一个无法回避的命题。集体经济与共同富裕是中国特色社会主义理论体系的重要内容。共同富裕进程中推动集体经济高质量发展，发展壮大农村集体经济，全面发挥其应有的作用，理应坚持其发展的基本原则。

（一）坚持五个重要原则

1. 坚持中国共产党的领导

坚持中国共产党的领导是共同富裕进程中农村集体经济发展的根本保障。"村子富不富，关键在支部。"村党支部在引领村级集体经济发展中扮演着重要角色，农村基层党组织是农村各种组织和各项工作的领导核心。中国共产党的百年奋斗史就是一部党不断带领广大人民群众实现共同富裕的实践创新史。在新发展阶段推进共同富裕的实现，坚持中国共产党的领导是最根本保障，并坚持和发挥农村基层党组织领导核心作用。比如，那坡县、靖西市在探索村党组织成员兼任村级集体经济组织、农民合作组织负责人，实行村级各种组织向村党组织报告工作制度等做法，进一步增强了农村基层党组织的领导力和影响力。坚持党建引领，保持正确方向。发展壮大村级集体经济，是促进农民增收致富、推

动乡村产业振兴、引领农村全面建成小康社会的重要途径。农村集体经济是稳固乡村治理的基石，只有产业振兴，集体经济发展良好，农民收入稳步提高，才能为乡村振兴打下良好的经济基础。通过党建引领，发挥基层党组织对产业发展的主导作用，加强党对基层工作的领导，也是全面落实乡村振兴战略要求的基础条件。在农村群体中，基层党组织成员是"关键少数"。面对变化多端的市场风险，保障贫困群体的基本利益、保障我国粮食根本安全、实现共同富裕，必须进一步发挥党建引领的核心作用。在驾驭市场和规范资本的基础上，用党的领导、党的组织优势保证农村集体经济发展的正确方向，发挥集体经营的优越性。

一是选好配强领导干部。要让农民致富，首先要配备强有力的领导班子。村"两委"换届选举，在村"两委"人选上，要不断完善村级人才队伍建设机制，以政治坚定、工作突出、作风过硬为基本标准，吸纳各方优秀人才，从致富能手中"引"、从退休干部中"召"、从返乡创业大学生中"培"、从现任优秀村干部中"留"，着力提高新班子的政治理论水平和为民服务能力，努力建设一支懂经济、善经营、会管理、能力强的村级干部队伍。二是完善集体经济的治理体系。通过走出去、引进来、线上+线下等方式，动员"乡贤"、吸纳各类"强人"、组织社工人员和志愿者队伍，完善党建引领下的集体经济治理体制，把农村党组织建设成为坚强战斗堡垒。三是用好驻村干部和党员下沉等制度，完善奖补政策体系，畅通民主渠道，使集体经济发展与地方治理同频共振、携手同行。四是要充分研判基层党组织的组织力、战斗力和凝聚力，充分发挥基层组织、村级活动场所等各类重要阵地的功能效应，推动服务乡村振兴各项工作落地见效。对照基层党组织存在的薄弱环节，举一反三，逐一整改，以制度夯实和壮大村级集体经济的规范管理和运行，增加村民收入，防止返贫，进而加强党支部的战斗堡垒作用，充分发挥基层组织抓党建、帮增收、促发展的作用。

2. 坚持以人民为中心

以人民为中心，既是理论命题，又是基本方略；既是政治立场，又是根本要求。它以实现好、维护好、发展好最广大人民的根本利益为标准，强调把人民摆在心中最高位置，让改革发展成果更多、更公平惠及全体人民，朝着实现全体人民共同富裕不断迈进，深刻彰显中国共产党人的初心和使命。坚持以人民为中心是新发展阶段推进共同富裕的必然要求。在中国共产党人的话语体系中，对"共同富裕"概念的使用有明确的主体指向，人民是社会的主体，是社会发展的承担者和推动者。中国式现代化最终是人的现代化，满足人民对美好生活的需要是中国式现代化的价值旨归。实现共同富裕从人民立场出发，更加关注人民高品质生活的需要，表达了人民群众对未来美好社会的期望和憧憬。可以说，实现共同富裕是党百年奋斗的目标追寻，中国共产党自成立，便致力于实现共同富裕。在新发展阶段的历史语境之下，我们所要推动实现的共同富裕亦是全体人民的共同富裕，其必然要坚持以人民为中心。要坚持以人民为中心的发展。汇群众之智慧、集群众之力量历来都是中国共产党人用以探索实现共同富裕道路的关键密钥。

新中国成立以来特别是改革开放以来，中国共产党在社会主义现代化建设中明确提出共同富裕，在"先富带动后富"中探索共同富裕之道，在强调公平中深化对共同富裕的认识，在加快现代化发展进程中深入推进共同富裕。在庆祝中国共产党成立100周年大会上，习近平总书记指出："新的征程上，我们必须紧紧依靠人民创造历史，坚持全心全意为人民服务的根本宗旨，站稳人民立场，贯彻党的群众路线，尊重人民首创精神，践行以人民为中心的发展思想，发展全过程人民民主，维护社会公平正义，着力解决发展不平衡不充分问题和人民群众急难愁盼问题，推动人的全面发展、全体人民共同富裕取得更为明显的实质性进展。"① 这是党对人民作出的新的庄严承诺，深刻表明了党对实现共同富裕目标的坚定决心和勇气。党的十九届五中全会将坚持以人民为中心作为"十四五"时期经济社会发展必须遵循的原则，强调坚持共同富裕方向，明确提出到 2035 年"全体人民共同富裕取得更为明显的实质性进展"的远景目标，提出实现巩固拓展脱贫攻坚成果同乡村振兴有效衔接、推动区域协调发展等一系列重大举措，必须"从人民中积聚力量，由人民共同来完成"②。回溯中国共产党百年发展史，我们可以看到，"为民"是贯穿其中的一条主线。实现共同富裕是党百年奋斗的目标追寻。中国共产党一成立，便致力于实现共同富裕。1921 年，李大钊在北京大学宣讲时提出了"人人均能享受平均的供给，得最大的幸福"的社会主义设想。党的一大提出的消灭阶级差别、废除资本主义私有制等内容，都是共同富裕思想的体现。新民主主义革命时期，党带领人民通过"打土豪分田地""减租减息""没收地主土地"等一系列不同阶段的土地政策措施，帮助穷苦百姓翻身得解放，就是为了让人民摆脱贫困，过上好日子。党的十八大以来，以习近平同志为核心的党中央在牢记"国之大者"、秉承"我将无我、不负人民"的崇高情怀中，赋予了人民群众"最高裁决者"和"最终评判者"的价值定位，明确回答了党和国家推进共同富裕工作"由谁评价"的问题。

3. 坚持贯彻新发展理念

坚持贯彻新发展理念是新发展阶段推进共同富裕的必然选择。发展

---

① 习近平. 在庆祝中国共产党成立 100 周年大会上的讲话［M］. 北京：人民出版社，2021：12.

② 习近平. 在纪念孙中山先生诞辰 150 周年大会上的讲话［M］. 北京：中央文献出版社，2016：6.

理念作为社会发展实践的先导，是对社会应该如何发展之问题的高度概括与总结，在社会实践中发挥着引领性作用，其正确与否攸关实践发展的方向、思路、成效乃至成败。新发展理念就是创新、协调、绿色、开放、共享的发展理念，创新发展注重的是解决发展动力问题，协调发展注重的是解决发展不平衡问题，绿色发展注重的是解决人与自然和谐问题，开放发展注重的是解决发展内外联动问题，共享发展注重的是解决社会公平正义问题。新发展理念，深刻揭示了实现更高质量、更有效率、更加公平、更可持续发展的必由之路，是针对中国经济发展进入新常态、世界经济复苏低迷形势提出的治本之策，是针对当前中国发展面临的突出问题和挑战提出来的战略指引，反映党对经济社会发展规律认识的深化，指明了十三五乃至更长时期中国的发展思路、发展方向和发展着力点，具有战略性、纲领性、引领性。面对新时代以来不断涌现的科技创新动力不足、社会发展不协调、资源约束趋紧、生态系统退化、开放发展质量较低、收入分配差距较大等系列延缓、阻碍共同富裕实现的问题，以习近平同志为核心的党中央提出了"创新、协调、绿色、开放、共享的新发展理念"①。坚持贯彻新发展理念为共同富裕进程中农村集体经济发展的实现提供了行动指南。

新发展理念通过创新发展的方式，解决了进入新发展阶段之后，农村发展的"后发优势""比较优势"等红利渐趋用尽时的发展动力问题，以人才为发展的第一资源、创新为发展的第一动力，助力共同富裕目标的实现；通过协调发展的方式，从整体效能出发，尽最大可能减少农村集体经济的"木桶短板效应"对我国新发展阶段的影响，将共同富裕建立在区域、城乡、农村等平衡发展之上；通过绿色发展的方式，

① 习近平. 论把握新发展阶段、贯彻新发展理念、构建新发展格局 [M]. 北京：中央文献出版社，2021：500.

避免农村集体经济发展过程"吃祖宗饭砸子孙碗"的事情发生，在最大限度实现当代利益的同时，充分考虑后代的利益，彻底摒弃以透支农村生态资源为条件的发展模式，解决了乡村振兴与自然如何和谐相处的问题；通过开放发展的方式，提高新发展阶段对外开放水平，在深度合作之中与世界各国共享机遇、共建命运与共的利益共同体，解决了新发展阶段发展的内外联动问题；通过共享发展的方式，实现发展成果由人民共享，让全体人民能够共同占有社会资源，进而推动新发展阶段社会公平正义的实现。

共同富裕进程中农村集体经济发展必须突破单一的发展模式。盘活用好集体的各种资源资产。一是拓宽农村集体经济发展路径，通过一、二、三产业的融合发展，壮大农村集体经济的实力；通过资产租赁来壮大集体经济，将新型集体经济组织振兴与新型城镇化发展有机结合；通过出租商业门店、村民宅基地房屋等，盘活村级集体闲置门店房屋，提高现有集体资产利用率，增加集体经济收入；通过"自由或联合开发"来壮大集体经济。二是对没有承包到户的集体"四荒"地、果园等闲置资源进行全面清理，农村集体经济组织自身或联合有开发能力的企业、社会组织和个人，通过将上述资源开发成现代农业项目，形成股份和收益，作为集体经济收入。三是要善于对现有农业资源再开发、再利用，探索"集体+旅游"模式，比如，那坡县城厢镇者兰村达金谷以村集体为主导大力开发特色旅游资源，发展休闲农业、观光旅游、体验旅游等。四是要鼓励村集体利用农村闲置劳动力建立劳务合作社，通过整体承包、劳务输出、统一用工等形式来承接城乡社区各项公共性服务，增加集体收入。五是村集体要注重发展农业生产性服务业，可开展代耕代种代收、集体运输等综合性服务。

4. 坚持共建共享原则

党的十八大以来，以习近平同志为核心的党中央深刻把握中国社会和经济发生的新变化，将共建共享发展理念置于更加重要的位置上。习近平指出："共享是中国特色社会主义的本质要求，必须坚持发展为了人民、发展依靠人民、发展成果由人民共享，作出更有效的制度安排，使全体人民在共建共享发展中有更多获得感，增强发展动力，增进人民团结，朝着共同富裕方向稳步前进。"① 共建共享是新发展阶段推进共同富裕的题中之义，坚持共建共享是新时代党和国家各项事业发展的一个重要指导原则。共享发展理念体现了中国共产党以人民为中心的发展思想，强调坚持共同富裕的根本目标，体现了社会主义的本质要求，具有主体与成果相统一、物质成果与精神成果相统一、公平与效率相统一、目标与过程相统一的原则，进而形成人人参与、人人付出、人人担当的共建共享共富的生动局面，扎实推动共同富裕。

共同富裕进程中农村集体经济的发展同样需要遵循共建共享的原则，遵循这一原则，需要处理好几对关系：第一，坚持共享发展是主体与成果相统一。一切发展成果都是中国共产党带领全体人民共同努力奋斗而获得的，发展成果应惠及全体人民。在共同富裕进程中发展壮大农村集体经济，处理好"共建"与"共享"之间的关系。共建强调的是物尽其用、人尽其才，也就是说，要充分发挥各方优势，有效利用各方资源，发挥整体优势，提升综合效益；共享主张的是社会所创造的全部物质财富与精神财富，要让全体社会成员都受益。简而言之，共建是共享的逻辑前提，没有全体人民共同的建设，共同享有社会财富则无从谈起；共享是共建的目标指向和动力所指，如果共建不以共享为追求，那

---

① 习近平. 论把握新发展阶段、贯彻新发展理念、构建新发展格局［M］. 北京：中央文献出版社，2021：502.

么要想号召广大村民投身于乡村振兴就难以实现，同时，只有公平公正地实现共享，再次共建才具备可能性。第二，坚持共享发展是物质成果与精神成果相统一、公平与效率相统一。公平与效率既互相制约，又相互促进。不讲效率地追求社会公平可能会导致普遍贫穷，陷入长期处于低端发展水平的困境；不讲公平一味追求效率，会加剧收入分化和社会矛盾。共享发展理念的贯彻落实需要把握公平与效率的辩证复杂性，在不同阶段采取适合本阶段的科学方式，要在共同富裕进程中发展壮大农村集体经济，处理好"共享发展"与"共同富裕"之间的关系。共享发展是新发展阶段实现共同富裕的途径，共同富裕是新发展阶段共享发展的必然要求，两者既相互联系又相互区别。在新发展阶段实现共同富裕需要经历一个较为漫长的发展过程，在这其中我们既要着力推进共享发展，以此让广大人民群众坚定对共同富裕的信心，也要时刻铭记我们的目标是实现共同富裕，这样才能有效避免陷入眼前利益的泥潭，有效规避忽视长远利益等做法的出现。全力推进百色边境地区物质富裕、文化富裕和生态富裕建设，进一步提升农民群众的获得感和幸福感，以共建共享推进共同富裕。

5. 坚持系统观念原则

系统观念也可以称为整体观、全局观，简单来说就是对事情全面思考、统筹兼顾，不只就事论事。系统观念是马克思主义基本原理的重要内容之一，体现了马克思主义哲学认识论和方法论的高度统一。坚持系统观念是新发展阶段推进共同富裕的方法支撑。习近平总书记指出："党的十八大以来，党中央坚持系统谋划、统筹推进党和国家各项事业，根据新的实践需要，形成一系列新布局和新方略，带领全党全国各族人民取得了历史性成就。在这个过程中，系统观念是具有基础性的思想和工作方法。"① 系统观念强调事物是普遍联系的，系统是由相互作用、相互依赖的若干组成部分结合而成的、具有特定功能的有机体，不同系统有着不同的地位和作用，而且系统中不同主体和不同要素也有不同的性质和功能。坚持系统观念的认识论在于把握并遵循事物之间普遍联系的客观规律，着眼于整体性、关联性、结构性，对事物发展相关要素和环境进行系统分析、整体把握，作为一个整体进行研究。以系统观念来观察事物，能够发现一个事物局部之和所没有的独特性质和功能状态，而系统思维的第一要义，是从整体上认识和解决问题。为此，在新发展阶段，共同富裕进程中农村集体经济发展需要坚持系统观念，从整体视域来谋划与部署共同富裕进程中农村集体经济发展的各项工作。共同富裕既是一个农村的经济、政治、文化、社会、生态等多领域的集合体，也是一个覆盖经济学、政治学、历史学、社会学等多学科的综合体，它需要在农民、农村组织、党员、干部等多主体的相互作用之下，方能得以实现。以系统观念来透视共同富裕进程农村集体经济发展，需要多管齐下、多措并举。坚持以统为主，统分结合。

坚持推进农村土地资源系统化。农村土地的利用是集体经济发展的第一资源，要坚持系统观念，推进农村土地资源利用实现统与分，统的方式要符合市场经济的要求。在基层党支部的主导下，多用租赁、参股、税收分成、资产置换等市场化逻辑，多使用股份合作、战略联盟等企业化形式，扩大集体经济可以统的资源规模，并提高其使用质量和效率。统的过程应坚持公平和可持续的原则。遵循循序渐进、因地制宜的工作思路，严格按规划、法规进行操作。无论是土地的生产集中转让，还是土地的收益分配，都必须围绕粮食安全和国家战略进行，必须走民

---

① 中共中央党史和文献研究院.十九大以来重要文献选编［M］.北京：中央文献出版社，2021：789.

主决策程序，决策结果能够经得起上级部门和第三方部门审核。确保农产品供给安全和所有群众股东的基本权益得到保护。统的结果要能够确保集体资产保值增值，确保农民受益、群众满意。不少案例表明，一旦群众把发展农村集体经济当作自家事来管，在资产管理、资金使用、项目开展、收益分配等方面积极参与，就会对集体经济运行建立群众监督，还会带动更多社会资本投入，一招棋活，全盘皆活。

分期分区进行战略安排。在党的百年奋斗史上，每个历史时期都针对发展集体经济进行了战略安排，均取得了突出成绩。比如，在新民主主义革命时期，组建协会、发展村社企业促进集体经济的发展，为中国革命提供了基本物质条件；新中国成立后，通过政社合一的方式为工业化提供了高达九成以上的资产原值；在改革开放新时期，异军突起的乡镇企业曾经撑起中国经济的半边天；党的十八大以来，党中央始终把解决好"三农"问题作为全党工作的重中之重，推进适度规模经营，深化农村集体产权制度改革，发展壮大新型集体经济，加快推进农业农村现代化。未来三十年，围绕国家的战略需要，设计有效的战略安排，需要统筹好四对关系：一是跨越与渐进的关系。由于受前期发展成就的鼓动，中西部部分乡村萌生了跨越式发展的冲动，已经形成数目不等的债务。对此要有一个清醒的认识，越是发展水平低的地区，发展速度才可能越快，但是随着经济发展水平的提高，再要按照先前的速度增长就变得日益困难。而且，前期发展成绩的取得在较大程度上依赖于政策帮扶，自我发展能力和基础尚比较薄弱。在未来三十年甚至更长时间，集体经济的基础性地位将逐步增强，坚持小步快跑策略更容易达到行稳致远的效果。二是短期和长远的关系。短期内可以选择出租大棚、厂房获取租金等项目，用短期低风险项目收益解决无钱办事、无人干事的问题，但在长期要把经济效益、社会效益、生态效益有机结合起来，做到长短结合、前后相继。三是统筹分配和投资的关系。安排一定比例的集体收益用于巩固脱贫攻坚成果等任务，促进巩固脱贫攻坚成果和乡村振兴的有效衔接；提高农产品生产和生态方面的投资比例，以优势产业带动其他可持续性绿色产业的发展，促进绿水青山尽早转变为金山银山。四是统筹农村内外的关系。设计好向村外资源"开门"的方法，用足财政金融帮扶力量、对接超市等市场渠道、进行跨区域跨时期协调合作，为集体经济的发展构建有利的外部环境。简而言之，共同富裕进程中边境地区农村集体经济发展必须坚持系统观念原则。

（二）坚持市场导向、土地农业用途原则

推动村级集体经济发展壮大，坚持市场主导突出组织保障，用好市场化手段，拓宽村级集体经济发展渠道实现乡村产业振兴，既要发挥市场的导向作用，促进资源有效配置，引导先进生产要素进入农村，也要发挥政府的支撑作用，做好顶层设计和规划，完善制度和政策体系，扫清百色边境地区农村集体经济发展资源要素自由流通的障碍，激发市场主体的活力。发展产业是农村集体经济发展的根本任务。发展农村产业，应在尊重产业自身演变规律和市场规律的基础上谋发展。一是依据各地区集体经济组织所拥有的资源、资产和资本的数量与质量，以农业和农产品深加工为基础，选择较有优势的产业，做强地方特色，强化村庄地域品牌。二是顺应社会资本对集体经济发展的需求，以"借鸡下蛋、以蛋孵鸡"的发展思路，通过村企合作、城乡对口合作等方式，提升农产品深加工产业等传统产业的技术水平，推进一、二、三产业融合发展，延伸现有产业链和开发新产业链，提高产业持续盈利能力。三是防范产业发展可能带来的风险。在以健全农产品保险担保机制、扩大地方性保险范围等方式构筑防范体系之外，设立可以互联互通的集体经济的会计台账系统，依托大数据对集体经济专用账户进行无缝隙监督，

46

加强财务管理，强化风险预警。

1. 构建新型工农城乡关系

农村集体经济要发展，必须构建工农互促、城乡互补、全面融合、共同繁荣的新型工农城乡关系。探索建立土地要素城乡平等交换机制。对农村土地征收、集体经营性建设用地入市和宅基地制度要探索公平合理的交换机制，释放农村土地制度改革红利。创新乡村人才培育引进使用机制，包括大力培育新型职业农民，加强农村专业人才队伍建设；充分发挥科技人才支撑作用，通过返聘、财政补贴、人才引进等机制，吸引各类人才返乡回乡下乡创业创新。

2. 适应市场经济发展要求

遵循市场经济规律，用政策引导村级集体经济健康有序发展。坚决防止因发展集体经济而增加村级债务、农民负担和侵害农民利益现象的发生。尊重农民专业合作社、企业和群众的意愿，在自愿的基础上平等协商、自愿合作发展村级集体经济。市场经济具有开放性、平等性和竞争性等特征。市场价格信号正在灵敏地引导生产。面对瞬息万变的大市场，我们眼界要宽，信息要灵，头脑要活，决策要快。市场变，我亦变。不要总往后看，不能闭目塞听，不要寄希望于"吃偏饭"。不仅可以顺向开发，发展产业占领和开拓市场，还可以逆向开发，根据市场需求开发产业和产品。不管采取哪种办法，关键是看市场。市场的竞争是激烈的，也是无情的。同样生产农副产品，如果能在品种、质量、色泽、口味上高人一筹，就会有效益。反之，就会滞销，甚至赔本。不仅要跟上市场，还应有超前意识，科学分析市场变化趋势，拿出独特产品，才能立于不败之地。

3. 坚持土地的农业用途原则

习近平总书记在中国共产党第二十次全国代表大会上指出："全面

推进乡村振兴，坚持农业农村优先发展，巩固拓展脱贫攻坚成果，加快建设农业强国，扎实推动乡村产业、人才、文化、生态、组织振兴，全方位夯实粮食安全根基，牢牢守住十八亿亩耕地红线，确保中国人的饭碗牢牢端在自己手中。"① 推动村级集体经济发展壮大，必须坚守"农地农用"原则，要坚持农地农业用、农地农民用，这是落实中央土地管理基本国策、落实最严格耕地保护制度、贯彻土地管理法与土地用途管制制度的必然要求。坚持农村土地的农业用途。现如今，我国科技在快速发展，城市也在高速建设，农业用地越来越少。因此，在进行村级集体经济发展的过程中，政府要保证农村土地的农业用途，基层组织在进行集体规模化经营时，不能改变土地的农业属性，需要支持农业生产的规模化、品牌化和高质量化，在发展农村基本特色的基础上大力发展村级集体经济。同时在推动村级集体经济发展壮大过程中要依法进行农村土地流转，严格执行农村土地承包法，按照"依法、自愿、有偿"的原则规范实施土地流转，切实维护农民的土地承包权益。土地流转是指土地使用权的流转，即承包土地的农户因某些原因将土地的使用权转让给其他农户或经济组织的过程。基层组织要确保农村土地流转的自愿、有偿、依法原则，切实保护农户的基本权益。土地流转主要包括土地互换、土地出租、土地入股、宅基住房、股份合作等模式，在农户进行土地流转的过程中，基层组织需要根据土地流转的模式进行相应的监督和执法，坚持依法进行农村土地流转工作，积极发展村级集体经济。

（三）坚持绿色发展原则

习近平总书记在中国共产党第二十次全国代表大会上指出："我们要推进美丽中国建设，坚持山水林田湖草沙一体化保护和系统治理，统

---

① 习近平. 高举中国特色社会主义伟大旗帜 为全面建设社会主义现代化国家而团结奋斗［N］. 人民日报，2022-10-26（1）.

筹产业结构调整、污染治理、生态保护、应对气候变化，协同推进降碳、减污、扩绿、增长，推进生态优先、节约集约、绿色低碳发展。"①坚持以习近平生态文明思想为引领，以新发展理念为指导，构建生态、生产、生活良性循环的发展体系。

1. 坚持走绿色生态之路

新时代人民对美好生活的需要日益增长，优质生态产品在人们的生活中逐渐变得不可或缺。走绿色生态之路是实施村级集体经济振兴战略，提供更多优质生态产品的必然选择。必须处理好经济发展和生态环境保护的关系，把该减的减下来、该退的退出来、该治理的治理到位，使农村生态环境好起来。认识到村集体经济生态系统的整体性，以村级集体经济绿色发展道路为路径，从资源、环境、生态三方面着手，通过合理利用土地资源、水资源、树木资源等，严格保护部分稀缺资源和濒临灭绝的自然资源和生物；改善农村土壤污染、水污染、空气污染等，推进土壤治理、污水治理、空气污染治理；统筹山水林田湖草系统治理，建设稳定的田园生态系统。新时代，以绿色发展引领村级集体经济绿色生态发展之路，赋予了村级集体经济绿色发展道路重要的内涵，为破解农村资源、环境、生态问题，构建人与自然和谐发展方式，为实现村级集体经济全面振兴提供了重要路径。

2. 坚持走绿色产业之路

产业是村级集体经济振兴的物质基础，产业兴，则经济兴、农村兴。新时代，村级集体经济要实现产业振兴不能再走传统的先污染后治理的发展道路，而是要走生态优先的绿色发展道路。为此，必须改变传统的发展道路，走村级集体经济绿色发展道路。绿色产业发展之路是对

---

① 习近平. 高举中国特色社会主义伟大旗帜 为全面建设社会主义现代化国家而团结奋斗 [N]. 人民日报，2022-10-26 (1).

当前传统产业发展道路的反思，是村级集体经济振兴绿色发展道路的重要内容。坚持以绿色发展引领村级集体经济绿色产业振兴能够聚焦新发展理念，有针对性地解决当前农村生产方式、产业结构和生产环境发展存在的问题，通过引入科学技术和先进的管理理念，探索种植、养殖等高效衔接的生产方式，促进生产过程减量化、再利用、资源化；充分挖掘和拓展农业的多维功能，促进农业产业链条的延伸以及农业与工业、服务业的结合，生产更多农业加工产品，塑造以农业为基础的文化创意、观光旅游等，推动农村产业结构绿色化；完善生态补偿制度，采用机械化、信息化手段强化生态环境管控和修复，逐步改善农民工作环境，实现生产环境绿色化。新时代走绿色产业发展之路是妥善处理农村产业发展与生态保护之间矛盾的必然选择，是推进村级集体经济全面发展的必由之路。

第四章

共同富裕进程中百色市边境地区农村集体经济发展的基础

共同富裕是我国社会主义社会的本质要求，也是中国共产党"以人民为中心"发展理念的集中体现。发展集体经济作为新时代破解边境地区共同富裕进程中的一个重要抓手，担负着缩小乃至消除城乡经济发展、公共服务、社会保障等方面差距的重要使命。党的十八大以来，面对错综复杂的发展环境和艰巨繁重的工作任务，在以习近平同志为核心的党中央和自治区党委的坚强领导下，百色市统筹推进"五位一体"总体布局，协调推进"四个全面"战略布局，围绕决战贫困决胜小康目标任务，全面贯彻新发展理念，落实高质量发展要求，团结带领全市各族干部群众撸起袖子加油干，百色市边境地区实现 19.1425 万贫困人口全部脱贫、238 个贫困村全部出列全部摘帽。[①]

一、脱贫后责任落实不放松，持续巩固脱贫成果

（一）坚决压实主体责任不动摇

首先，筑牢思想根基。如靖西市委、市政府坚持把巩固拓展脱贫成

---

① 数据来源于《中国共产党靖西市第三次代表大会报告》《中国共产党那坡县第十五次代表大会报告》。

果同乡村振兴有效衔接摆在突出位置，全面深入学习习近平总书记关于巩固拓展脱贫攻坚成果的重要论述和视察广西时的重要指示以及《中共中央国务院关于实现巩固拓展脱贫攻坚成果同乡村振兴有效衔接的意见》、自治区和百色市相关政策精神，准确把握新形势、新标准、新要求，进一步增强做好巩固拓展脱贫攻坚成果同乡村振兴有效衔接工作的思想自觉、政治自觉和行动自觉。

其次，健全责任体系。如那坡县坚持高位推动。调整充实乡村振兴战略指挥部，县党政主要领导亲自挂帅。指挥部下设 1 个办公室和 18 个专责组，分管县领导具体统筹，充分发挥指挥部牵头抓总、统筹协调作用。先后召开 6 次县委常委会、8 次县委农村工作（乡村振兴）领导小组会议、9 次县政府常务会、9 次指挥部工作会议等，学习习近平总书记关于巩固拓展脱贫攻坚成果的重要论述和中央的政策精神。县党政主要领导严格落实走访任务，坚持每个月带队到基层专题调研，已开展巩固拓展脱贫攻坚成果工作调研 24 次，一共走访辖区内脱贫户（含监测对象）148 户，研究制定《那坡县巩固拓展脱贫攻坚成果同乡村振兴有效衔接实施方案》。靖西市则将市委农村工作领导小组和乡村振兴（"美丽靖西"乡村建设）领导小组合并成立为市委农村工作（乡村振兴）领导小组，组建实施乡村振兴战略指挥部，下设办公室和 16 个专责小组，抽调人员驻办驻组集中办公，形成 "1+1+1+16" 的指挥作战体系，全面统筹全市"三农"和乡村振兴工作。①

再次，细化责任目标。靖西市制定了《靖西市实现巩固拓展脱贫攻坚成果同乡村振兴有效衔接实施方案》，将巩固脱贫成果重大举措和重大工程项目纳入"十四五"规划，明确了市级领导、牵头部门和乡

---

① 数据来源于那坡县实施乡村振兴战略指挥部的《那坡县 2022 年巩固拓展脱贫攻坚成果同乡村振兴有效衔接工作情况汇报》。

镇目标责任、工作重点、工作措施和路线图，细化分解任务，确保巩固脱贫成果同乡村振兴有效衔接工作有序推进。那坡县制定出台《那坡县巩固拓展脱贫攻坚成果同乡村振兴有效衔接督查检查工作方案》，开展包含巩固脱贫攻坚成果及各级各类问题整改落实情况的相关督查检查。开展各类工作督查，形成督查专报、黑榜通报、红榜通报、问题通报。紧紧围绕"三保障"和饮水安全等关键环节，严格指挥部专责组例会制度，压实教育、医保、卫健、住建、水利等行业主管部门的工作责任，统筹全县巩固拓展脱贫攻坚成果同乡村振兴有效衔接各项工作。

最后，压实主体责任。坚持压实"三级书记"责任，各级党委坚决扛起政治责任，落实"三级书记抓乡村振兴"要求，市委书记切实履行"一线总指挥"职责，定期研究衔接工作，及时解决具体问题。坚持"双组长"负责制，靖西市委书记、市长担任领导小组组长，市委副书记、市政府分管副市长担任常务副组长，统筹协调推进全局工作。坚持"联席会议"制度，领导小组每季度召开1次专题工作会议，指挥部每周召开1次工作例会，研究部署和解决工作中碰到的问题。坚持"清单管理"工作制度，坚持问题导向、目标导向、结果导向相统一，对重大任务实行项目化管理、清单式推进、品牌化提升。通过压紧压实责任，层层传导压力，倒逼工作落实，确保巩固拓展脱贫攻坚成果同乡村振兴有效衔接工作有序、有力、有效地开展。那坡县则明确县四家班子、处级领导挂点联系131个行政村（社区），每个村（社区）安排1个县直后援帮扶单位，全县5550名帮扶干部结对帮扶脱贫户、监测对象21198户，充分发挥了帮扶作用。坚持"好中选优、优中选强"的原则，选派了302名干部和专业技术人才驻村工作；定期督导检查驻村第一书记和工作队员在岗履职，严格第一书记、工作队员、"村两委"遍访制度。①

（二）坚决压实帮扶责任全覆盖

如靖西健全"市级领导联乡包村、市直行业部门分工、工作队常态化驻村"帮扶工作机制。每位市级领导联系 1 个乡镇、包抓辖区内脱贫村，带头走访、遍访和帮扶联系监测对象以及脱贫户。指挥部各专责小组每月定期召开 1 次工作会议，聚焦"两不愁三保障"及饮水安全、收入变化情况，及时研判解决问题。各行业部门积极主动与上级沟通对接，推动政策、项目、资金有效落实。后援单位、乡镇干部、村"两委"、驻村工作队和帮扶干部通力协作，全覆盖帮扶脱贫村、脱贫户和监测对象。市乡（镇）党委强化工作指导，加强教育培训，严格管理考核，派出单位积极做好生活保障，驻村干部坚持"五天四夜"、全脱产驻村等制度，持续在建强村党组织、推进强村富民、提升治理水平、为民办事服务上下功夫，做到知责于心、担责于身、履责于行，推动帮扶工作取得实效。

（三）坚决压实整改责任无死角

靖西市委、市政府高度重视 2016 年以来各级党委政府脱贫攻坚成效考核评估、督查巡查、巡视审计和今年自治区乡村振兴督查暗访、百色市督导、百色市县际交叉检查评估等反馈问题以及市本级平时督导检查发现的问题，切实扛起整改主体责任，实打实、硬碰硬抓好问题排查整改。针对自治区督查暗访反馈的 8 个问题和百色市巩固脱贫成果工作情况专项督导反馈的 13 个问题 43 项具体内容，举一反三，主动认领，制订整改方案，列出问题清单、任务清单、责任清单，明确整改措施，建立长效机制，拉网式全覆盖排查，加强指导督促，持续跟踪问效，全

---

① 数据来源于中共靖西市委员会 靖西市人民政府《靖西市 2021 年巩固脱贫成果工作报告》。

面推进整改到位。

（四）坚决压实监管责任不缺位

第一，完善监管机制。认真贯彻落实中央纪委国家监委《关于在国家乡村振兴重点帮扶县开展专项监督促进巩固拓展脱贫攻坚成果同乡村振兴有效衔接的指导意见》和自治区、百色市纪委监委专项监督工作部署要求，制定《靖西市开展巩固拓展脱贫攻坚成果同乡村振兴有效衔接专项监督实施方案》，按照"责任不松、政策不变、力度不减、监管不脱"的要求，整合监督力量，提升监督工作质效，避免多头监督。第二，加强督导检查。建立随机抽查、突击暗访等督导机制，强化巩固脱贫督查，压实责任部门监管责任，发挥行业优势，坚持上下联动、整体推进，围绕项目安排、资金使用、政策落实、工作作风等方面强化监管，推动责任部门抓好巩固脱贫成果工作。第三，加强考核结果应用。科学设置考核指标，将巩固拓展脱贫攻坚成果纳入市本级党政领导班子和领导干部推进乡村振兴战略实绩考核范围，将考核结果作为干部选拔任用、评先奖优、问责追责的重要依据。

二、脱贫后政策落实不断档，持续巩固脱贫成果

（一）持续强化教育保障提技能

第一，开展控辍保学攻坚行动。如靖西市委、市政府加强统筹协调，每年组织召开控辍保学工作动员部署会，对控辍保学工作攻坚行动进行精心安排和专项督促指导。严格落实"双线四包"责任，部门和乡镇密切配合，采取分类措施对疑似辍学生进行劝返，实现春季、秋季学期失学辍学人数动态清零目标，脱贫后义务教育巩固率达98.9%。那坡县则严格落实"双线四包"责任制和控辍保学"135"长效机制，召开控辍保学工作部署会和推进会，对控辍保学工作进行部署动员、督促

指导，控辍保学工作持续保持动态"清零"。① 第二，妥善安置适龄残疾儿童教育。靖西市对全市残疾儿童进行摸底调查，调整充实市残疾人教育专家委员会成员，召开工作布置会，做好相关评估工作，按规定对符合条件的中重度残疾儿童送教上门，全市 544 名适龄残疾儿童全部做好入学安置。那坡县建立残疾儿童入学一人一案档案资料，对符合送教上门条件的 56 名学生按规定送教上门。认真做好学生休学缓学工作，对全县已办理休学的 16 名学生每季度入户开展一次劝返工作。② 第三，全面落实教育资助政策。不折不扣落实义务教育阶段家庭经济困难学生生活补助、学前免保教费、普通高中免学杂费、普通高中国家助学金、中等教育国家助学金和免学费、农村义务教育学生营养改善计划以及"雨露计划"等教育资助政策，加强数据比对，确保应补尽补，不漏一人。那坡县积极筹建励志学校，有序推进龙合镇中心小学教学综合楼、品端村小学教学楼建设，加快建设改、扩建 10 所学校 11 个单体工程，实现贫困家庭学生资助全覆盖。③

（二）持续强化基本医疗保健康

第一，巩固脱贫人口基本医疗保障。落实分类资助参保政策，做好脱贫人口参保动员，实现应保尽保。第二，全面落实健康帮扶政策。健全因病返贫致贫动态监测和精准帮扶机制，辖区内医保定点公立医疗卫生机构全部实施"先诊疗后付费"政策，并设立"一站式"结算服务窗口，不断巩固脱贫人口和监测对象基本医疗保障。落实分类资助参保

---

① 数据来源于中共靖西市委员会 靖西市人民政府《靖西市 2021 年巩固脱贫成果工作报告》。
② 数据来源于中共靖西市委员会 靖西市人民政府《靖西市 2021 年巩固脱贫成果工作报告》。
③ 数据来源于那坡县实施乡村振兴战略指挥部的《那坡县 2022 年巩固拓展脱贫攻坚成果同乡村振兴有效衔接工作情况汇报》。

政策，全面做好脱贫人口参保动员工作，有效防范因病返贫致贫风险。完成家庭医生签约服务，对患有四大慢性疾病人群按要求进行随访服务。

（三）持续强化住房保障安民居

第一，全面完成年度危房改造任务。开展农村危旧房改造专项行动，建立责任落实机制，明确时间任务节点，加快推进改造建设，强化质量安全监管，及时组织竣工验收。第二，全面排查住房安全隐患。靖西市对全市 15.41 万栋农村房屋安全隐患进行全覆盖摸排，全面完成自治区下达的年度任务，均未发现质量安全问题和因洪涝灾害等导致住房不安全情况，全市农村住房安全有保障率为 100%。[①] 那坡县则每月定期推送新农村危房改造名单和危房户信息，经多次摸底排查 6 类重点对象危房改造计划共 20 户，目前已全部开工，已竣工 19 户。发放农村自建房安全常识分页，并在全县 130 个行政村张贴安全常识海报，提高群众对农村自建房安全常识的知晓度。通过鉴定安全、改造安全、保障安全等方式，全县所有脱贫群众均实现了住房安全有保障。[②]

（四）持续强化饮水安全暖民心

第一，抓好农村饮水问题隐患动态排查及跟踪监测。靖西市对季节性缺水的村屯，按照"先生活、后生产"的原则，密切跟踪水量变化，做好精准调度，确保饮水安全。对因洪涝、干旱等原因停水断水的 43 个村屯，采取车辆应急送水措施，解决群众临时出现饮水困难现象。目前，全市脱贫人口饮水安全得到有效保障，农村人口饮水安全 100% 达

---

① 数据来源于中共靖西市委员会 靖西市人民政府《靖西市 2021 年巩固脱贫成果工作报告》。

② 数据来源于那坡县实施乡村振兴战略指挥部的《那坡县 2022 年巩固拓展脱贫攻坚成果同乡村振兴有效衔接工作情况汇报》。

标，农村自来水普及率 85.5%。那坡县持续做好农村供水动态跟踪监测和问题排查，针对本县农村供水可能出现的不利情况，及时评估风险和隐患，健全应急处置机制，细化工作方案，采取启动备用水源、拉水送水等措施，确保脱贫户、监测户饮水安全。第二，严格落实项目管理"三个责任"。靖西市制定《靖西市农村饮水安全工程运行管理办法（试行）》，全部农村集中供水工程按要求落实运行管理人员，建立管理人员台账，确定合理的水价和收费办法，保证农村供水工程长期发挥效益。

（五）持续强化社会保障促民生

第一，兜底保障农村低收入人口。靖西市全面落实城乡低保、特困人员临时救助、农村留守儿童、困境儿童关爱服务和高龄老人以及残疾人补贴等政策，提高农村低收入人口兜底保障水平。那坡县加大低收入人口常态化救助帮扶力度。通过线下的不定期入户核查、每月例会讨论和线上的实时数据共享、不定时数据推送研判、家庭经济状况动态查询等手段，对在享的和疑似符合纳入社会救助的对象进行甄别、核对，将符合条件的对象纳入相应的保障范围。第二，城乡居民基本养老保险应保尽保。靖西市实现市、乡、村三级联动，业务部门通力合作，推动落实城乡居民基本养老保险参保扩面。如 2021 年，凡是符合参保条件的农村脱贫人口 134873 人，参保率达 100%，其中符合领取待遇的 32335 人全部按时足额发放补助。符合参保条件的监测对象 5879 人，参保率达 100%。①

---

① 数据来源于中共靖西市委员会 靖西市人民政府《靖西市 2021 年巩固脱贫成果工作报告》。

三、脱贫后工作落实不松懈，持续巩固脱贫成果

（一）全力推进防贫监测守底线

第一，健全监测体系。靖西市成立了防贫监测预警中心，设置乡镇防贫预警监测站，整合村"两委"干部、村民小组长、村级乡村振兴信息员、驻村工作队开展实时监测，形成"县有中心、乡镇有工作站、村有监测员"的立体式全覆盖防贫监测网。制定防止返贫致贫监测预警和帮扶工作方案、工作制度、排查工作方案等文件，明确工作目标、实施对象、认定标准及程序，相关行业部门加强风险信息预警、数据比对、信息审核和行业帮扶，形成"市级为主、部门联动、乡镇统筹、村级实施、条块结合、合力牵引"的工作新格局。那坡县建立八类重点人群台账，组织做好防返贫回头看工作，全面排查已纳入的监测对象帮扶措施是否及时、精准、有效，确保有人管、管到位，排查不符合监测对象标准的，按流程申报回退清退。

第二，建立精准识别排查和解除预警机制，实行"两网报贫、分类干预、解除预警"的"三步工作法"，进村入户走访，核查家中是否有患病、残疾、受灾、意外事故，将边缘易致贫户、脱贫不稳定户、突发严重困难户全部纳入动态监测范围，做到应纳尽纳。那坡县对未消除风险监测对象按照"缺什么补什么"的原则，认真核对核实监测对象的政策落实情况，确保监测对象政策落实到位，牢牢守住不发生规模性返贫的底线。强化防贫监测业务培训及督促指导，2021年以来那坡县共召开两次帮扶工作培训会议，进行防止返贫致贫监测工作业务培训，覆盖全县所有帮扶干部。常态化开展"日查看 常分析"数据清洗工作，每日专人查看系统平台推送的问题清单，每周定期或不定期地提取系统数据进行比对、分析，将系统问题清单及自查发现的数据问题反馈乡

镇，及时进行核实修正。

第三，加强培训指导。靖西市组织开展市乡村三级防返贫监测和帮扶工作培训会，针对系统模块变化及新增指标，对驻村工作队员、乡镇挂村干部、村"两委"和信息员进行全覆盖政策解读和系统操作培训，不断保障工作质量。那坡县则做好全县农村劳动力数据库信息采集和更新维护工作，全面掌握全县劳动力就业情况，并对有培训意愿、就业意愿的劳动力提供推荐服务和开展后续扶持工作。充分发挥第一书记、村"两委"干部、驻村工作队、帮扶干部四支队伍的作用，开展务工情况摸排，根据实际需要提供具体就业服务。

第四，精准帮扶消除风险。靖西市、那坡县均采取"大数据+乡村振兴+社会救助"帮扶干预机制，对新纳入、新标注的监测对象，乡镇落实一名监测联系人。根据监测对象风险类别、发展需求，按照"缺什么补什么"的原则，实行医疗保障差异化阶梯式补助、教育资助差异化补助，落实产业奖补、低保、临时救助、公益性岗位、残疾人"两项补贴"等政策，开展精准帮扶。根据监测和帮扶情况，按照认定程序，分类开展风险消除。

（二）全力推进搬迁后扶稳得住

第一，完善搬迁安置点配套设施。靖西市结合新型城镇化建设和产业发展，在城区建设老乡家园、新瑞小区和德爱小区集中安置点，跨区域融入百色深圳小镇安置点，安置小区建有完善的水电路网和绿化亮化等基础设施，配套建设学校、医院、商铺、文体等功能设施，设立党群服务中心，实行楼栋管理，全面改善了搬迁户的生产生活条件。"十三五"时期，靖西市全市完成易地乡村振兴搬迁安置 5458 户 23808 人，超额完成自治区下达的易地乡村振兴搬迁 23769 人的任务。① 第二，全力推进产业帮扶。如那坡县加大产业项目资金占比，2022 年上级下达那坡县的中央、自治区资金共计 31993 万元，其中用于安排产业项目 17846.61 万元，占比为 55.78%。做好新型经营主体带动机制工作，全县 85 个脱贫村均建有 1 个新型经营主体或 1 个特色产业基地（园），覆盖率达 30% 以上，积极发挥带动作用。常态化开展产业以奖代补工资，将奖补范围扩大到 2014 年、2015 年退出户，完成了产业奖补拨付 6459 户 3840.99 万元，预计全年可以完成拨付 9000 户 5337 万元，实现应补尽补，不落一户，切实将产业奖补政策落实到位。② 第三，促进搬迁人口就业。如靖西市制订易地乡村振兴搬迁就业扶持工作方案，引进有资质的培训机构到安置点开设育婴员、中式面点、焊工、电工等职业培训以及"两后生"、粤菜厨师等各类培训班；建立乡村振兴车间 5 个，累计吸纳搬迁劳动力就业 260 名，开发公益性岗位 265 个。截至 2022 年底，全市有劳动能力且有就业意愿的乡村振兴搬迁户实现"一户一人以上就业"目标。③

（三）持续做好农村人居环境整治工作

如那坡县坚持农民主体和"自下而上、村民自治、农民参与"，着力抓好基础设施建设、人居环境整治等重点任务。有序推进"多规合一"实用性村庄规划编制，推进城乡规划一体化，2022 年计划实施村庄编制规划 9 个，乡村规划师挂点服务乡镇覆盖已达 40% 以上。着力补

---

① 数据来源于中共靖西市委员会 靖西市人民政府《靖西市 2021 年巩固脱贫成果工作报告》。

② 数据来源于那坡县实施乡村振兴战略指挥部的《那坡县 2022 年巩固拓展脱贫攻坚成果同乡村振兴有效衔接工作情况汇报》。

③ 数据来源于中共靖西市委员会 靖西市人民政府《靖西市 2021 年巩固脱贫成果工作报告》。

齐农村人居环境公共基础设施"短板""弱项",完成农户厕所排查
46360户,卫生厕所普及率为97.95%;建成使用6个乡级垃圾处理中
心、20个村级垃圾处理终端项目,配齐环卫保洁人员857人,农村生
活垃圾收集、转运和处置体系的行政村覆盖率达90%以上;建成屯级农
村生活污水处理站30座,农村生活污水处理设施正常运行率达100%;
计划投入1000万元实施自然村(屯)道路通畅工程13条28.368公里,
投入8553万元实施自然村(屯)道路提升项目212条,目前均已开展
前期工作。建立健全农村物流体系,完成建设全县村级寄递物流综合服
务站70个,县级冷链物流集配中心预计2022年11月完成建设并投入
使用,完成促成8家以上电商企业与农产品生产企业建立电商销售
合作。[①]

(四)有序推进乡村治理工作

如那坡县进一步激励村"两委"干部履职担当推行村(社区)干
部职业化管理,实行村(社区)干部岗位责任制,做好职责分工,对
村(社区)干部实行业绩考核奖励,2021年度被评为优秀等次的129
名,称职等次的896名(含纯支委成员),不确定等次的51名,不称职
的5名。制定了《那坡县"四议两公开"制度》,明确"四议两公开"
的内容和范围,凡涉及村里的重大决策、重要干部任免、重大项目安排
和大额资金使用,都要按照"四议两公开"民主决策程序进行。2022
年以来那坡县以基层党建"五基三化"攻坚年行动为主线,建立"双
联双包"制度,14名县委常委覆盖联系42个党支部工作点,28个"五
基三化"示范创建点或攻坚突破点;推行"一结四联"制度,116个机
关企事业单位党支部与131个村(社区)党支部结对共建,围绕组织

---

① 数据来源于那坡县实施乡村振兴战略指挥部的《那坡县2022年巩固拓展脱贫攻坚
成果同乡村振兴有效衔接工作情况汇报》。

联建、活动联办、工作联抓、问题联改的形式开展工作，推动党建与业务工作双向提升。①

（五）全力推进特色产业夯基础

如靖西市坚持"政企群"三方联动机制，做实优质稻、桑蚕、水果、烤烟、养猪等市级"五大特色产业"。第一，坚持政府引导，增强发展动力。2021年统筹财政涉农资金2.86亿元，实施农业生产发展项目292个，占全市涉农资金的63%。将全市292个村（社区）纳入产业发展集中规划，产业覆盖率达96.5%，覆盖脱贫户3.5万户；制订2021年产业以奖代补方案，发放产业"以奖代补"3431.65万元，受益1.51万户；扩大农业农村有效投资32.43亿元，推进农产品加工及全产业链等项目建设。②

第二，坚持企业带动，增强带富活力。靖西市建立"企业+合作社+基地+农户"的农企利益联结机制，扶持陕西海升集团、广西鑫晟茧丝绸等一批龙头企业，提供就业岗位2万多个。其中，海升集团在靖西投资1.2亿元成立海越公司，每年可带动农民就业2万余人次，成为自治区级乡村振兴龙头企业、四星级广西现代特色农业（核心）示范区、粤港澳大湾区"菜篮子"生产基地。全市累计创建现代农业示范区364个，建成脱贫奔康产业园75个，认证国家农产品地理标志"三品一标"3个，"圳品"1个。③

第三，坚持群众主体，增强内生动力。整合161个事业编制用于招

---

① 数据来源于那坡县实施乡村振兴战略指挥部的《那坡县2022年巩固拓展脱贫攻坚成果同乡村振兴有效衔接工作情况汇报》。

② 数据来源于中共靖西市委员会 靖西市人民政府《靖西市2021年巩固脱贫成果工作报告》。

③ 数据来源于中共靖西市委员会 靖西市人民政府《靖西市2021年巩固脱贫成果工作报告》。

聘乡镇专业技术人才，实现"一村一类一技术员"全覆盖。成立农民专业合作社 562 个，实现 153 个脱贫村新型经营主体或产业基地全覆盖，带动脱贫户均达 30% 以上。目前，全市完成粮食播种面积 73.29 万亩，实现产量 21.68 万吨，超额完成年度任务；烤烟 6.6 万亩，实现产值 2.06 亿元，规模效益连续 19 年稳居全区第一；桑园 18.15 万亩，产值约 3.84 亿元，连续 4 年稳居百色市首位；水果 18.93 万亩，产值 2.8 亿元，覆盖脱贫户 6956 户；福喜乐生态乡村振兴万头能繁母猪基地年出栏猪仔 7 万头，带动全市生猪出栏 24.25 万头。同时，促进一、二、三产业融合发展。创新"边贸+合作社+金融服务+落地加工"模式，做活边境贸易；盘活"旅游+边关风情带+特色农业+文化产业"模式，做旺乡村旅游。2021 年 1 月至 10 月，全市农林牧渔业总产值 23.74 亿元，增长 9%；农产品电商销售 4171.47 万元，增长 1.27 倍；外贸进出口总额 204.4 亿元，增长 26%；游客接待量 827.99 万人次，增长 39.1%，旅游总消费 97.27 亿元，增长 38.4%。①

（六）全力推进小额信贷促发展

靖西市将脱贫人口小额信贷作为加快乡村振兴产业发展、促进增收的重要举措，坚持"应贷尽贷，能贷快贷"的原则，制定相关政策文件，进村入户广泛宣传动员，农村商业银行全力做好贷款发放。2021年，发放新增贷款 2468 户 1.22 亿元，完成"保三"计划的 151.1%，完成奋斗目标的 91.1%。坚持户借、户用、户还，明确贷款用于发展生产和开展经营，不能用于非生产性支出，不得以入股分红、转贷、指标交换等方式交由企业或其他组织使用。实行风险补偿金专户管理，由财政、乡村振兴和靖晟农村投资有限公司三方协同管理。2021 年，脱贫

---

① 数据来源于中共靖西市委员会 靖西市人民政府《靖西市 2021 年巩固脱贫成果工作报告》。

人口小额信贷贷款余额 4.56 亿元，风险补偿金账户余额 6523 万元，并按要求足额安排风险补偿金。积极做好贴息工作，严格按照《广西壮族自治区脱贫人口小额信贷管理办法》规定，以贷款市场报价利率（Loan Prime Rat，简称 LPR）放贷，加强贷款对象、贷款用途、利率、贴息金额等信息审核，确保贴息对象精准。[①] 那坡县则做好脱贫人口小额信贷工作，落实应贷尽贷政策，2022 年上半年，那坡县全县累计发放新增贷款 514 户 2502.37 万元，完成目标任务数的 81.59%。全县累计发放贷款 10541 户 7.34 亿元，风险补偿金余额 3968 万元。按时足额兑现历年存量贷款，2022 年累计贴息资金 767.13 万元。累计发放富民贷 1826 万元，完成任务数 1250 万元的 146%。[②]

（七）全力推进粤桂协作携奔康

第一，强化组织领导。靖西市建立粤桂协作工作机构，落实编制人员 6 人。东部协作地区调研对接靖西市巩固拓展脱贫攻坚成果和乡村振兴工作 28 人次。第二，深化资金协作。如 2021 年自治区下达靖西市粤桂协作专项资金 4883 万元，按照《广东帮扶广西财政协作资金管理办法》，组织实施带农益农项目 12 个。第三，深化产业协作。靖西市联合成立粤桂协作现代产业园联盟，整合各方资源，打造安德镇三合街农副产品保鲜冷链库、南坡乡底定村稻渔综合养殖示范项目和化峒镇八德村雷屯乡村振兴综合示范点。持续抓好 2 个产业园企业进驻，通过粤港澳大湾区招商引资，引进落地投产企业 12 个，实际到位投资 3.05 亿元。开展特色产业协作促销活动，广东共帮助靖西认定和销售农畜牧产品和

---

① 数据来源于中共靖西市委员会 靖西市人民政府《靖西市 2021 年巩固脱贫成果工作报告》。

② 数据来源于那坡县实施乡村振兴战略指挥部的《那坡县 2022 年巩固拓展脱贫攻坚成果同乡村振兴有效衔接工作情况汇报》。

特色手工艺产品 6213.1 万元。第四，深化劳务协作。靖西市开展 2021 年春节期间"靖西籍"劳动力赴广东省务工免费乘车活动，累计输送农民工返岗 416 车次 17022 人，其中脱贫劳动力 9701 人。如 2021 年举办各类劳务培训班 13 期 599 人次，转移到广东地区就业 865 人次，省内就业 1280 人次，转移到其他地区就业 120 人次。第五，深化人才协作。靖西市还加强干部人才挂职锻炼、教育培训、交流互动、待遇保障、表彰奖励、健康服务等协作，为巩固脱贫成果提供人才保障和智力支撑。目前，两地党政选派干部挂职 15 人，技术人员交流 91 人，举办专业技术人才培训讲座 8 期 456 人次、乡村振兴干部培训 3 期 150 人次。①

四、脱贫后巩固成效不打折，持续巩固脱贫成果

（一）巩固提升基础设施强根基

第一，提升村屯基础设施。靖西市坚持财政衔接资金使用与巩固拓展脱贫攻坚成果项目紧密挂钩，2021 年统筹整合财政涉农资金投入 1.06 亿元，实施建设村屯环境整治、道路维修、农村饮水安全、农田水利、桥梁建设、屯级道路等项目，所实施项目均从完善的项目库中勾选并录入系统，同时建立健全农村基础设施监管长效机制，形成共建共管共享格局。② 第二，提升基本公共服务水平。靖西市创新基层党组织培训基地建设，投入 2800 万元，建成 27 所乡、村、屯三级"国门党校"，全覆盖建设乡村新时代文明实践站，采取课堂教学和现场情景教

---

① 数据来源于中共靖西市委员会 靖西市人民政府《靖西市 2021 年巩固脱贫成果工作报告》。

② 数据来源于中共靖西市委员会 靖西市人民政府《靖西市 2021 年巩固脱贫成果工作报告》。

学相结合模式，开展乡村干部队伍培训。实施建设学前教育专项改、扩建幼儿园奖补资金项目 31 个，义务教育薄弱环节改善与能力提升补助资金项目及农村义务教育校舍安全保障长效机制资金项目 59 个，不断改善义务教育办学条件。招聘乡村中小学教师 156 名，师资队伍建设不断加强。提升市、乡、村三级医疗体系，靖西全市有 2 个二级甲等医院，19 个乡镇和 282 个行政村均建有标准化卫生院和卫生室，并按规定配备合格执业医师或全科医生以及乡村医生，合理配备基本药物，基层医疗卫生服务能力不断提升。打造乡村风貌改造试点，制定《村庄规划编制三年行动计划》，完成村庄规划编制 9 个，实施完成乡村风貌提升改造试点 871 栋，涉及 4 个乡镇 14 个村庄。不断完善提升村级文化活动室、办公场所、综合文化服务中心、戏台、宣传栏、文体设备器材等基本公共服务设施，实现农村网络宽带全覆盖，有线广播"村村响"，广播电视"户户通"。扎实开展精神文明创建，打造县级以上文明乡镇 12 个、文明村 194 个，获评百色市乡风文明红旗村 10 个。①

（二）巩固提升农民收入促致富

全面落实强农惠农富农政策，拓宽务农收入、工资性收入、经营性收入和转移性收入等渠道，多元化增加农民收入。2020 年，靖西全市农村居民人均可支配收入 12334 元，比上年同期增长 8.7%，高于全区平均水平 0.4 个百分点。2021 年前三季度，全市农村居民人均可支配收入 8852 元，增长 13.2%，增速高于全广西平均水平 1.6 个百分点。2021 年，脱贫户人均纯收入为 15330.52 元，脱贫户工资性收入与生产

---

① 数据来源于中共靖西市委员会 靖西市人民政府《靖西市 2021 年巩固脱贫成果工作报告》。

经营性收入之和为 15383.65 元，比 2020 年的 10332.63 元有所增长。①

（三）聚焦成果巩固，确保"满意度"

第一，巩固"两不愁三保障"和饮水安全工作持续提升。那坡县坚持义务教育阶段控辍保学工作动态"清零"，不存在脱贫人口义务教育阶段子女失学辍学问题；符合参保条件的农村低收入人口 100%参加基本医疗保险；脱贫户及监测户住房全部通过鉴定安全、改造安全、保障安全，全部实现住房安全有保障；脱贫户及监测户饮水安全全部达标。全县符合低保条件的农村脱贫人口和监测对象实现"应纳尽纳"。第二，持续抓好脱贫人口增收工作。那坡县制订促进脱贫人口持续增收三年行动方案，组建监测评估增收工作专班，开展脱贫人口收入下降集中核查。每月督促帮扶干部按时如实登记脱贫户的收入情况，定期或不定期对脱贫户、监测对象收入进行"横比"全县农村居民人均可支配收入增幅，"纵比"脱贫户往年同期收入增幅，及时筛查每个脱贫户季度收入异常现象，并反馈给帮扶干部和乡镇，及时分析研判，制定有效的帮扶措施，增加脱贫群众收入。第三，稳定提升群众"满意度"。严格落实监测对象、脱贫户"一户一册一卡一人"制度，进一步要求第一书记、驻村工作队员和帮扶干部熟练、实名制使用广西防贫 APP，熟悉工作情况和帮扶政策。落实县领导、乡（镇）主要领导、驻村工作队、村"两委"遍访制度，竭力解决群众急难所需，进一步提高群众认可度。

---

① 数据来源于中共靖西市委员会 靖西市人民政府《靖西市 2021 年巩固脱贫成果工作报告》。

第五章

共同富裕进程中百色市边境地区发展农村集体经济的举措及成效

近年来，百色市边境地区把发展壮大村级集体经济作为促乡村振兴工作常抓不懈，着重在发展集群化、运营现代化、利益最大化上下功夫，边摸索边实践，助推巩固拓展脱贫攻坚成果同乡村振兴有效衔接。

一、聚焦农村集体经济发展，实施一揽子工程

（一）实施党政"一把手"工程

第一，提升领导小组层级。那坡县将发展壮大村级集体经济列为党政"一把手"工程，高质量推动村级集体经济发展壮大。由县委书记、县长担任发展壮大村级集体经济工作领导小组组长，推动乡镇、县直相关部门主要领导亲抓力促，形成县、乡、村三级共抓村级集体经济发展新格局。第二，加强工作调度。那坡县村级集体经济领导小组坚持每季度召开1次工作调度会、专题协商会或现场推进会等，先后召开了1次领导小组会议、1次现场观摩会，研究落实政策、项目等村级集体经济实质性工作。第三，推行县领导联系项目制度。那坡县要求县处级领导分别联系1个村级集体经济项目，帮助其理清发展思路，协调解决有关问题。

（二）实施财政保障护航工程

第一，统筹项目资金支持。那坡县建立常态化财政资金投入机制，采取村村抱团联合发展方式，统筹东西部协作资金1000万元联合发展同益新数码印花厂，财政衔接资金500万元建设康正天然有限公司生产线出租，东西部协作资金投入1000万元建设红谷生态养猪场，总计投入2500万元。第二，推进小型项目下放实施。那坡县用足用活本县微小型项目下放农村集体经济组织实施的政策，2022年4月9日印发实施《那坡县2022年度小型项目下放乡镇农村集体经济组织实施方案（试行）》（那农发〔2022〕2号），组织县级各有关单位做好2022年度微小项目下放到乡镇村集体公司，将资金下放到乡镇，支持村集体经济公司承接实施或参与劳务合作发展。第三，加强项目储备。那坡县还建立村级集体经济发展项目储备库，每年按不低于所辖村总数20%的比例储备一批有发展前景的集体经济项目。[1]

（三）实施示范典型引领工程

第一，创建一批村集体经济产业示范园。那坡县聚焦县、村两级"5+2""3+1""特色产业""一乡一业""一村一品"等产业布局和本地资源优势，新打造1个市级集体经济产业示范园，5个县级集体经济产业（示范）园、培育形成1条集体经济示范带、3个可学可推广的集体经济示范项目。[2] 第二，推进能人领办农村集体经济项目。那坡县实施村集体合伙人招募行动，探索选聘职业经理人、项目经理，大力引进有意愿带领村民共同致富的乡土人才参与发展集体经济工作，乡村振兴改革集成试点村全面落实能人领办集体经济试点，实施了12个能人领

---

[1]　数据来源于那坡县村级集体经济办的《那坡县2022年上半年村级集体经济工作总结》。

[2]　数据来源于那坡县村级集体经济办的《那坡县2021年村级集体经济工作总结》。

办农村集体经济项目。第三，推行公司化运营模式。那坡县创建"党建引领+村企联合+能人领办"发展模式，采取"村村联合+社会资本"模式、村企共建、服务创收等方式壮大村级集体经济，推动9个乡镇均成立乡镇集体经济发展公司，目前公司已正常运行，带动发展集体经济项目。

（四）实施规范资金监管工程

第一，规范村级集体经济收益分配工作。那坡县开展村级集体经济收益分配专项行动，对2021年度集体经济收益进行集中分配，通过提取公积公益金、福利费、奖励补贴等，做好收益支出使用，让村民共享集体经济发展成果。全县130个村集体经济组织均已完成了收益分配工作。全县2021年可分配收益1346.665万元，提取公积公益金1346.815万元，福利费161万元。[①] 第二，推进村级集体经济会计委托代理优化改革。2022年5月20日印发实施《那坡县村集体经济组织会计委托代理优化改革工作方案的通知》（那政办通字〔2022〕16号），由县财政局牵头统一招聘和管理，按照"财政出一部分、村集体收益出一部分"等方式聘请专职会计，每个乡（镇）至少聘请有1~2名专职会计，会计在乡（镇）财政所"村级会计委托代理服务中心"驻点办公。[②]

二、聚焦党建引领，赋能村级集体经济发展

靖西市把发展壮大村级集体经济作为"书记"工程、"牛鼻子"工程，增强基层党组织的凝聚力，坚持补短板、强弱项，扎实推动村级集体经济向更大规模、更高水平、更好质量迈进，实现村集体经济从无到

---

① 数据来源于那坡县村级集体经济办的《那坡县2021年村级集体经济工作总结》。

② 数据来源于那坡县村级集体经济办的《那坡县2022年上半年村级集体经济工作总结》。

有、从少到多、从弱到强的转变。①

（一）聚焦适度规模　推动产业集群化发展

靖西市结合"边关党旗红"党建示范带，围绕特色、示范、新兴等产业，适度扩大产业规模，推动产业集群化发展。打造边境特色产业集群。坚持并适度扩大烤烟、桑蚕、水果和养殖等特色产业规模，采取"集体+合作社""集体+企业""集体+园区""集体+种养""集体+旅游"等集群模式，做好特色产业集群文章。目前，该市以百色市重点开发开放试验区"开放引领区"创建为契机，投入1750万元在边境地区打造"南坡乡底定村200亩稻花鱼—吞盘乡弄乃村600亩百香果—安宁乡足怀等4个村200亩百香果"等边境产业示范带，提升边境村的产业基础，拓宽边民的致富渠道。强力推动"十百千"工程，成功创建了2个市级产业示范园和21个县级产业示范园，以产业示范园创建推动村级集体经济产业集群发展。打造"五色"示范集群。依托"两带三路五集群"党建品牌，2021年共整合各类资金1.3亿元，实施131个产业项目，打造形成以花卉、沃柑、百香果、生态养殖和门面等"五色"产业示范集群；投入370万元在渠洋镇怀书村和岳圩镇四明村扩建新种花卉130亩；投入400万元到海升公司和涛红公司合股经营种植沃柑近300亩；投入5600多万元发展百香果产业6300亩；投入3420多万元发展37个养殖项目；投入2920万元建设4栋村集体综合服务楼68个门面。② 培育新兴产业集群。靖西市坚持长短期规划，长期规划在落地加工、边贸互市、旅游开发、山茶油、物业经济等产业上发力；短

---

① 数据来源于靖西市农村集体经济发展工作管理中心的《2021年工作总结和2022年工作计划》。

② 数据来源于靖西市农村集体经济发展工作管理中心的《2021年工作总结和2022年工作计划》

期发展聚焦具有短平快、经济效益高的产业特点，大力培育百香果、花卉等新兴产业。靖西市从 2022 年起，计划用 3 年时间，实施"3221"工程，即 3 万亩百香果、2 万亩澳洲坚果、2 万亩山茶油、1 万亩花卉基地。

（二）聚焦持续发展 提升现代化运营能力

主张用"市场思维"壮大村级集体经济，提高村级集体经济组织管理运营能力。首先，健全党的领导机制。建立以市场为导向，经营灵活、管理有效、运行稳健的党建引领集体经济发展新机制，为发挥好村级集体经济组织在管理资产、开发资源、发展经济、服务成员等方面的作用奠定基础。并积极盘活农村集体资产、资源要素和激发集体成员劳动力活力，加强与龙头企业、专业合作社等新型经营主体对接，因地制宜发展农村新产业新业态，拓展集体经济发展途径。其次，建立人才支撑体系。持续做好乡村人才"引育留用"工作，制定出台《靖西市绿领人才工作站创建工作实施方案》，按照"专业化、制度化、社会化、常态化"标准，全覆盖成立 19 个乡镇绿领人才工作站。围绕乡村振兴优势产业项目，加大对人才的引进、培养、管理力度，全市"三种（烤烟、桑蚕、水果）一养（猪）"人才小高地共储备 1200 名人才。实施村两委干部和村级后备人才专业能力培养项目，鼓励和支持农村人才通过"弹性学制、农学交替"等方式接受高等职业教育。[①] 最后，健全风险防范机制。联合财政、审计等业务部门对全市 6 家会计代理机构进行业务评审，让有资质的，服务质量好的会计公司对村级集体经济财务会计进行代理。2022 年，靖西全市 291 个村推行财务会计代理制度，明确收益分配办法，从源头上规范了资金的管理和使用。多层级、多场

[①] 数据来源于靖西市农村集体经济发展工作管理中心的《2021 年工作总结和 2022 年工作计划》。

次对 876 名村级集体经济组织管理人员进行业务培训，增强村级报账员的业务水平。2021 年创新推出《靖西市村级集体经济组织收支管理流程图》等财务制度上墙，具体规范指导村级集体经济资金收支操作，有效解决"资金不懂用，程序烦琐"的问题。通过给村级集体经济合作社授信，整合各大银行对需要发展产业的行政村给予优惠贷，产生的贷款利息由市财政承担。[①]

（三）聚焦利益联结 加强利农富农最大化

坚持以强带弱、抱团发展的原则，实施"一带两利三联三富"利益联结机制。强化龙头企业带农。龙头企业实力强，具备一定的抗风险能力，从技术角度和农产品销售上都有明显优势，是村级集体经济搭上发展"便车"的好选择。目前，靖西市采取"党支部+村级集体经济+企业"的模式与 10 家企业合作，2021 年以来发动 35 个村集体种植百香果 5369 亩，创收近 1000 万元；与广西靖西鑫晟茧丝绸科技有限公司合作，重点打造 5 个大蚕房项目示范点，带动 136 个村集体创收 220 万元。[②]坚持"两方"利农。采取"村集体+公益""村集体+福利"模式，根据政策文件，按照"四议两公开"程序，每年从村级集体经济收益分配中提取一定比例公益公积金和福利费，投入解决群众公益事业领域的"急难愁盼"问题，提升群众幸福感和满意度。注重"三方"联农。引导产业相同、资源互补、相邻相近的村级集体经济组织，以"村村联建"的方式联合成立市场经济实体开展股份合作经营。鼓励村集体和实力雄厚的企业或农民专业合作社以"村企联建、社村联建"

---

① 数据来源于靖西市农村集体经济发展工作管理中心的《2021 年工作总结和 2022 年工作计划》。

② 数据来源于靖西市农村集体经济发展工作管理中心的《2021 年工作总结和 2022 年工作计划》。

方式开展合作经营。目前，全市共有"村村联建"合作社258个、"村企联建、社村联建"合作社291个。实现"三种途径"富农。针对外出务工土地闲置撂荒，可以通过流转土地，实现收取地租增收；针对在家顾家，又有充足劳动力的农民可以动员其发展产业，融入烤烟、桑蚕、水果、养殖、百香果、花卉、山茶油、澳洲坚果等产业实现增收，通过产业奖补进一步加大扶持这类农民；针对家中劳动力不是很充足，或缺乏种植技术的农户，可以选择进入村级集体经济产业园内务工，既可以学习种植技术，也可以实现进园务工增收。例如，靖西市引进广西龙头企业扬翔集团，建设禄峒大金乡村振兴母猪产业示范园，涵盖145个贫困村和76个非贫困村集体经济，每年按投入资金8%的比例支付物业租赁费，为村集体经济创收961万元；在市一级层面形成了"1+5"产业示范带，就地解决了2420人的就业问题，带动了208个村集体增收。①

三、聚焦特色产业发展，推进蚕桑产业发展

（一）研透上级产业政策，积极争取产业支持

把准产业发展方向。紧扣国家《蚕桑丝绸产业高质量发展行动计划（2021—2025年）》《广西蚕桑产业发展"十四五"规划》，以实施乡村振兴为抓手，尽快制定出台《百色市蚕桑丝绸产业高质量发展实施意见（2022—2025年）》，巩固和推进优桑优茧基地建设，促进桑蚕茧丝绸产业融合发展，拓展提升蚕桑产业经济、社会和生态效益。

积极争取产业政策支持。加强向自治区有关部门汇报，争取得到自

---

① 数据来源于靖西市农村集体经济发展工作管理中心的《2021年工作总结和2022年工作计划》。

治区有关部门"政策倾斜"，就百色、河池等脱贫攻坚地区、石漠化片区如何在国家耕地"非农化"、基本农田"非粮化"政策背景下，从实际出发，合理规划布局，积极探讨桑园与粮食作物共同发展模式，确保粮食安全，相对稳定桑园，实现"蚕粮双丰收"格局。

联合向国家争取政策倾斜。以百色、河池两市联合申报获得广西蚕桑优势特色产业集群建设为依托，联合河池市等石漠化蚕桑主产区，通过人大议案、政协提案等方式向国家有关部门反映，在国家实施"东桑西移"战略基础上，促进"东绸西移"的形成，在蚕桑产业政策上给予更多扶持。

（二）理顺市县工作职能，完善产业运行机制

在市级层面，成立蚕桑产业工作专班，把蚕桑产业作为促农增收的一个重要增长点来抓。第一，定期或不定期召开专题会议研究蚕桑产业发展碰到的困难和问题，提出明确目标，制定出台发展蚕桑产业的具体措施，从政策、资金上给予重点支持，召开现场会推广交流先进县（市、区）的经验和做法；第二，组织协调农业农村局、工信局等有关部门抓细抓实蚕桑产业发展实施方案，强化对全市蚕桑茧丝绸产业扶持政策、重点项目的宏观指导与协调。

在县级层面，各县（市、区）人民政府要把发展蚕桑产业列入政府重要工作来抓。重点扶持辖区内一些蚕桑合作组织、农民专业合作社、家庭农场等新型经营主体，培育新型经营主体的权威，鼓励他们积极吸纳当地蚕农加入新型经营主体，从而提高种桑养蚕的规模、产量、质量和效益。

（三）落实产业发展措施，推进蚕桑高质量发展

第一，挖掘培养产业领头雁。要制定落实符合我市实际的蚕桑产业扶持措施，重点培育蚕桑产业龙头企业、合作社，由农业农村部门牵

头，通过组织龙头企业、合作社外出考察学习河池市等先进经营运营模式，加强组织各类重点技术培训，提升他们的管理技能水平，让他们形成种桑养蚕区域性的领头人，发挥他们的辐射带动作用。

第二，培养蚕桑区域带头人。要不断完善蚕桑产业能人选用培养机制，通过加强新型职业农民、种养能手、致富带头人的种桑养蚕技术培训，从中选拔一批政治过硬、懂技术、善指导、甘于奉献的村屯种桑养蚕技术能人。在政策、资金等方面给予重点扶持，拓宽能人参与蚕桑产业发展的方方面面工作，充分发挥能人的"土专家"技术经验优势，形成区域性的蚕桑种养带头人，带动提升种养水平，提高区域性蚕桑产业效益。

第三，加强专业技术人才培养。依托人才小高地、人才平台等载体，推进市蚕桑业人才平台建设，通过平台引进高层次蚕桑专业技术人才（团队）；通过定向培养、引进紧缺人才等方式吸引高等院校的蚕桑专业人才，充实到市、县蚕业技术指导站，确保专职专用；建立以县（市、区）蚕业站为中心，选优配足用好乡镇蚕桑专业技术员，借助国家蚕桑体系、国家科技特派团、广西蚕桑专家团队、乡村科技特派员的指导提高乡镇技术员能力，由县蚕业站、乡镇技术员、小蚕共育户和村屯种桑养蚕能手组成的"县—乡（镇）—村—屯"四级蚕业技术服务网络，负责向蚕户提供种桑养蚕技能培训、技术推广、小蚕供应、省力机械运用等一条龙服务。同时，落实蚕桑专业技术员职责，避免技术员过多参与中心工作，把主要精力用于技术服务指导。

第四，推广使用省力蚕桑机械。根据市蚕桑生产特点，在种桑采摘中可推广微耕机、桑叶采摘机等设备，在养蚕过程中可推广自动上蔟机、电动喂蚕机、电动脱茧机等设备，尤其是全套蚕桑标准化设施设备的使用，可以节省劳动力 30%~50%；装备电动喂蚕车的蚕房，比传统蚕房饲养面积增加20%。因此，要以农机购置补贴政策为导向，重点优先支持补贴蚕桑协会（组织）、农民专业合作社等新型经营主体，进一步明确加入农民专业合作社等新型经营主体的蚕户，才能享受到农机购置补贴，从而调动广大蚕户加入合作社等新型经营主体的积极性。

第五，注重创新产业发展模式。借鉴环江县南大门蚕桑专业合作的成功做法，探索推行符合百色实际的"龙头企业+农民专业合作社+示范基地+养蚕户""龙头企业+蚕桑协会+示范基地+养蚕户"等模式，鼓励和引导养蚕经营权向有实力、懂技术、善经营的合作社（协会）流转，给予合作社（协会）一定的话语权，推进适度规模经营。龙头企业将其经营活动纳入公司产业链，坚持"一手抓生丝加工，一手抓蚕桑生产"的新发展战略，由合作社（协会）与龙头企业形成第一车间的利益共同体，采取鲜茧保底收购，无偿提供蚕农种桑养蚕技术服务等一系列措施，通过提升蚕桑产量质量，实现蚕农、合作社、龙头企业效益提升与利益共享，形成更紧密的利益共同体，共促发展。

第六，培育示范全龄饲料工厂化养蚕。2020年国家六部门联合发布《蚕桑丝绸产业高质量发展行动计划（2021—2025年）》后，在浙江、江苏、四川、广西等蚕桑产业基础较好的地区已适时推广全龄饲料工厂化养蚕模式，从而推进传统养蚕模式创新变革。那坡同益新公司等缫丝加工企业在全龄饲料工厂化养蚕方面进行了积极探索与实验，取得了一定的成效。通过将小蚕放在无菌恒温控湿智能化养蚕车间，喂食有一定比例桑叶成分的人工饲料完成生长周期，不再需要新鲜桑叶，仅需桑叶量为传统养蚕的30%左右，彻底摆脱养蚕对季节、气候等条件的依赖，可实现滚动持续生产，达到集约化、规模化、标准化、常年化养蚕。特别是在国家实施耕地"非农化"、基本农田"非粮化"政策下，桑园难以继续扩大规模，探索、培育及推广全龄饲料工厂化养蚕模式，既可以做到种桑养蚕集约化用地，又可以解决粮桑争地问题，是实现固园增茧的有效途径。

（四）引进龙头企业，加大扶持力度，拓展延伸全产业链

第一，拓展上游产业链。鼓励扶持蚕桑加工企业综合开发利用桑枝、桑叶、蚕蛹、蚕蛾、蚕沙、废丝等副产物，重点支持发展桑枝食用菌、桑叶茶、桑果酒、蚕沙提取叶绿素生产有机肥等，实现副产物多元化、多用途的综合开发利用，变废为宝，促进生态循环，推进化肥农药的减量行动。第二，推动我市蚕桑产业转型升级。加大"外引内培"延伸下游产业链，抓好蚕桑茧丝精深加工，既要积极引进中下游外来蚕茧精深加工企业，尤其是织绸、印染、服装加工企业，更要大力做大做强现有的那坡同益新公司等缫丝加工企业，鼓励企业合并重组，重点扶持龙头企业，培育蚕桑科技型企业。同时，鼓励"内外结合"，支持市内缫丝企业与市外企业、科研院所进行项目合作、技术引进，提升蚕茧精深加工企业的创新能力，并积极融入全球产业价值链，主动融入全区蚕桑业高质量发展战略布局，加快推进蚕桑丝绸产业高质量发展。第三，拓展丝绸产业市场空间。向上延伸建立、巩固提升专业标准化生态型优茧优丝优质原料基地，形成充足稳定的供给渠道；向下延伸至包括茧丝绸文化旅游等多元化经营与三产融合发展，有效推动桑蚕茧丝绸产业可持续健康发展，真真正正"助力乡村振兴"。

第六章

共同富裕进程中百色市边境地区农村集体经济发展面临的挑战

　　农村集体经济作为共同富裕进程中百色市边境地区的重要抓手，需要各级政府的统一部署与规划，在社会各方面力量的支持下才能取得突破性进展。但就现实而言，在具体发展农村集体经济的过程中，依然面临着诸多问题。

一、农村集体产权改革难，产权模糊

　　农村集体所有权落实存障碍产权是所有制的核心。[①] 产权制度是用于规定稀缺资源使用中每个人的经济与社会关系。[②] 在坚持农村集体所有制的基础上，厘清农村土地等集体资产产权，是农村集体经济有效发展的前提。其中，所有权是所有制关系在法律上的表现，马克思认为对土地的所有权包括所有、占有、支配和使用诸方面的权利。在农村集体经济实现形式发展中，明确的集体资产所有权和相应的占有、使用、收

---

①　中共中央文献研究室编 . 十八大以来重要文献选编：上 ［M］. 北京：中央文献出版社，2014：515.

②　埃瑞克・G. 菲吕博腾，斯韦托扎尔乔维奇 . 产权与经济理论：近期的文献的一个综述 ［C］//罗纳德・H. 科斯 . 财产权利与制度变迁——产权学派与新制度学派译文集 . 上海：格致出版社，上海人民出版社，2014：148.

益、处分等权能，能够促进农村生产经营活动的有序开展。虽然国家在制度方面，持续完善农村土地制度等相关制度；在改革方面，深入推进承包地"三权"分置改革和农村集体产权制度改革等相关改革，然而，现实实践中落实集体所有权仍面临一些困境，阻碍了农村集体经济实现形式发展进程。

（一）产权改革中集体股的设置不够规范

《关于稳步推进农村集体产权制度改革的意见》（以下简称《意见》）中明确："股权设置应以成员股为主，是否设置集体股由本集体经济组织成员民主讨论决定。"① 在中央发布的相关文件中，设置集体股的主要目的是处置遗留问题，补缴税费、社会保障和必要的公益支出等。百色市边境地区在股份合作制改革中设置尚未明确集体股。笔者在调研中了解到，百色市边境地区发展集体经济的基础较差，村"两委"干部及多数成员同意在合作社发展初期尽可能多地为村集体提供帮扶。未来集体收益增加、成员结构变化，势必面临对集体收益再次分配的诉求。由于缺少严格统一的规定，当前股权设置主要面临三大难题：一是如何保障成员的集体收益分配权；二是如何防止集体收益短期内被"吃光分净"；三是如何通过制度设计避免农村集体资产被少数群体侵占或支配。《意见》中提出："股权管理提倡实行不随人口增减变动而调整的方式。"② "提倡农村集体经济组织成员家庭今后的新增人口，通过分享家庭内拥有的集体资产权益的办法，按章程获得集体资产份额和

---

① 中共中央国务院. 关于稳步推进农村集体产权制度改革的意见［J］. 农村工作通讯，2017（1）：5-8.
② 中共中央国务院. 关于稳步推进农村集体产权制度改革的意见［J］. 农村工作通讯，2017（1）：5-8.

集体成员身份。"①这种股权管理的静态模式被百色边境地区部分行政村所借鉴,但这种管理模式与当前农业转移人口市民化的趋势不相适应,因此,农村集体股权管理的模式还存在一定的改进空间。

(二)集体资产股份权能未得到充分体现

党的十八届三中全会提出:"赋予农民对集体资产股份占有、收益、有偿退出及抵押、担保、继承权。"②在集体产权制度改革中,百色边境地区部分行政村对于占有、收益以及继承权的落实比较到位。在为合作社成员颁发集体资产股权证书后,百色边境地区部分行政村召开成员代表大会通过了相应的台账管理和收益分配制度。但对有偿退出、抵押及担保权能的实现则较滞后。现有法律中,对农村集体资产股份的有偿退出权和继承权没有明确的规定③,有些村对有偿退出权和继承权的范围往往限制在本集体经济组织内部,而相对封闭的流动范围必然会导致退出价格低于市场出清价格,会在一定程度上损害集体成员的财产权益。尽管借助县域搭建起农村产权交易中心,但目前此类机构仅面向部分地区提供服务。现实中集体资产股份的处置情况更为复杂,其风险程度也更高,还需要对其封闭性、风险性进行相应监管。

(三)新型集体经济的实现形式缺乏创新

发展壮大新型集体经济,增强集体经济组织服务成员的能力,增加农民财产性收入,是农村集体产权制度改革的出发点和落脚点。集体经济发展受资源禀赋、地理位置、政策规划、人才等因素制约。改革后一

---

① 中共中央国务院.关于稳步推进农村集体产权制度改革的意见 [J].农村工作通讯,2017(1):5-8.

② 中共中央关于全面深化改革若干重大问题的决定 [N].人民日报,2013-11-16(1).

③ 张红宇.关于农村集体产权制度改革的若干问题 [J].农村经营管理,2015(8):6-10.

些地区仍旧存在集体资产利用效率低、产业项目不可持续等问题。百色边境地区部分行政村集体经济在实际发展中有许多偶然性因素，比如，利用村支部书记毕业于百色学院农学院的背景，邀请到农业领域专家对村产业进行整体规划与布局；得到那坡县城厢镇的大力扶持，在土地规模流转后顺利对接高山蔬菜特色种植的产业项目。目前，从多数地区的发展经验来看，村级集体经济基础薄弱，集体经营性资产匮乏，专业性人才、用地及资金政策扶持的缺失是导致农村集体经济发展动力不足、创新形式受限的关键因素。

（四）农村集体经济组织法律主体地位缺失

《中华人民共和国宪法》和《中华人民共和国民法总则》中已经赋予了农村集体经济组织法人地位，但目前还没有对其专门立法。因此，农村集体所有的各类资产、集体经济组织成员的各项权利无法得到保障。新型农村集体经济组织的产权制度安排与治理结构一般采用三种形式，即有限责任公司、社区股份合作社和经济合作社。① 实践中，百色边境地区部分行政村集体经济在发展初期资产相对薄弱，没有成规模的市场经营主体，因此，难以选择有限责任公司和社区股份合作社模式。从市场经营的角度来说，这两种模式有较高的信誉度和普遍认可度，而采用这两种模式不可避免会产生税负过重等问题，而且两者均为特殊法人，当前缺少这类特殊法人适用的财务税收制度。百色边境地区部分行政村采取经济合作社的形式，而这种形式需要由邹城市人民政府进行背书，并通过证明书向农业农村部及市场监管总局申领社会信用代码，在金融机构设立账户后，实行对应的收益分配制度。由于农村经济合作社

---

① 方志权.关于农村集体产权制度改革若干问题的思考［J］.毛泽东邓小平理论研究，2014（11）：6-12，91.

不能够作为独立法人，无法进行对外投资等经营活动，因而极大地限制了集体经济的发展。

二、农村土地利用空间有限，土地要素支撑不足

（一）土地规划相对混乱，用地指标短缺

农村土地规划直接影响土地资源利用，而边境部分地方为吸引企业到本地投资建设，会给出不符合土地利用总体规划要求的优惠政策。比如，选址不符合规划要求，也不根据规划提供土地资源，导致农村土地规划管理相对混乱。建设用地指标不足成为乡村土地利用规划顺利编制和实施的瓶颈。上级下达的指标大多用于县城、产业园区或重点乡镇，导致乡村缺乏建设用地指标，不仅使乡村规划难以顺利编制和实施，而且使真正有利于乡村振兴的产业项目难以落地。如特种养殖等产业是实现农民增收的有效途径，但受制于用地指标的限制，实施过程中存在困难；美丽乡村建设中，许多乡村基础设施因缺乏用地指标而难以建设；现代农业产业园涵盖种植业、畜牧业和养殖业，需要建设粮食烘干中心、加工中心等，所有这些现代农业产业园的配套设施也因缺乏用地指标而无法建设。

（二）土地利用管制过松，土地资源浪费

目前，边境地区对土地利用管制还不够严紧，导致土地资源浪费较为严重。其一，土地利用管理粗放。由于边境地区农村的很多村庄布局相对分散，人口规模较小，造成农村土地长期以粗放式经营管理为主，同时农业用地也被随意变更为建设用地。其二，土地撂荒现象突出。随着城镇化步伐的加快和人民生活水平的提高，很多边民外出务工或进城居住生活，出现了很多"空心村"，土地资源难以得到充分利用。如靖

西市吞盘乡念录村的大部分劳动力外出务工，加上缺少机耕路、无灌溉设施、无水源等，造成该村280亩土地被撂荒，此类现象在边境地区西北部的石山区相当普遍。其三，旧宅基地闲置过多。近年来，随着农村持续加盖新宅，大量旧宅被闲置。调研发现，那坡县城厢镇超群村庄群的闲置、破损的房屋和空置的宅基地共277宗，占总宅基地的29%，部分旧宅因坍塌导致土地结构混乱，影响土地资源的合理利用，农村土地资源面临严峻挑战。

（三）耕地保护力度不强，人地矛盾突显

调研发现，边境地区对耕地的保护力度还不够强。其一，农村违法用地现象较多。个别自然资源管理部门在土地执法监察中主要采取以罚款代处罚的措施，或者只要求违法用地补办相关手续即可，使违法用地转化为合法用地，这在某种程度上纵容了非法占地行为，农村耕地难以得到有效保护。其二，耕地保护政策执行不到位。从边境各县区市的第三次国土调查主要数据公报来看，均存在耕地流向果园、林地的突出问题。有些地方政府为了促进当地经济增长，占用大量耕地资源建设开发区或产业园区，当经济建设和耕地保护发生矛盾时，当地更倾向于牺牲耕地来促进经济发展，使耕地资源受到严重破坏。其三，耕地面积持续缩减。随着城镇化工业化的加快推进，很多农村耕地被开发利用，但由于个别地方无视农民意愿，导致农地矛盾不断加剧，并由此引发多起群体性事件。

（四）忽视土地生态安全，土地质量下降

边境地区的农耕历史悠久，却忽视了土地的生态安全，造成土地质量持续下降。其一，过度使用化肥农药。在土地耕作过程中，为了追求产量而长期大量使用化肥和农药，加上很多耕地不能进行合理轮休，破坏了土壤的自我修复能力，造成土壤板结和酸化。同时农药残留过多还容易导致农产品中的农药残留超标，危害人们的身体健康。其二，土地荒漠化现象较为严重。部分地区为追求经济效益而进行过度垦殖，造成水土流失、荒漠化等，如边境地区西北部的石漠化现象就较为突出，对土地环境造成重大影响，降低了土地利用的可持续性。其三，随意排放废弃物。由于部分地方忽视土地环境保护，随意在耕地周边排放废弃物、污水等，直接影响了土地质量，拉低了土地利用水平。出现上述问题，主要是在农村土地利用管理中忽视了对土地的生态安全保护。

三、村集体产业结构单一，农文旅康融合度不高

（一）利益分配不均衡，农民参与意愿不高

农文旅康的融合发展离不开农民的参与，农民一直是乡村旅游的经营主体，也是乡村观光向休闲度假转型的支柱力量。不管是美丽乡村的建设还是乡村振兴战略的实施，目标都是希望彻底改善农民的生活环境，不仅是提高经济收入，还要提升文化素质等。政府对乡村振兴的大力支持，使很多投资者看到了商机，他们有资金、有旅游方面的建设资源，希望进入乡村旅游市场，同时农民想改变现有生活环境，又有对乡村环境的热爱和对乡村文化的传承，借助农文旅康融合机遇进行合作是必然的趋势。但合作过程中还是有一定问题，在于农民与投资者的关系定位不够准确。如农民应主要承担生态的保护、文脉的延续和乡土风情的宣传推广，通过当地农民独有的热情的服务态度，使每一个游客都有宾至如归的感觉，体验到那种乡愁，达到与乡村和谐、天人合一的境界；投资者主要承担人力、物力等方面的资源，帮助乡村农民进行规划设计和市场开拓，在达到和谐发展的情况下获得经济效益、社会效益

等。但是现实中农户经营者和投资者要么是员工与老板的关系，要么是竞争关系，农户经营能力和宣传经验有限，建设的休闲农庄并不适合农业经济的发展。投资者更多追求利益，只愿意出钱，不在乎是否破坏乡村生态或文化遗产，据调查显示，如果这种关系得不到改变，有68%的农民不愿出租土地或者参与经营。

这主要归结于运营利益分配不均的问题，主要有以下几点原因：第一，由于现在发展农文旅康融合综合体项目的村庄里面，规模大、名气大的民宿或客栈很多是非本地人经营，他们有自己的人才，也能够利用移动互联网等新型营销方式进行推广，自身资源也比较好，还可以接待外来游客。适合本地人的就业机会并不多，甚至有个别地方出现对本地农户的"排挤"现象，这样大部分增值收益被外地人拿走，使很多本地人闹情绪或阻止农文旅康融合发展。第二，有些乡民按照乡村旅游规划对乡村进行了景区似的开发，完成了美丽田园景观的种植和维护，却由于没有相关部门的指导，导致产生的经济支出不能得到补偿。第三，现有村镇土地的征收或租用制度还不是很完善，真正能使农民有效使用土地并受益，维护小康家庭水平的土地管理机制还不够合理。

（二）资源普遍稀少，基础设施建设滞后

土地供给紧缺，产业发展用地问题突出，在边境线0~3公里的村屯中，耕地、水田零星分布，农民人均耕地资源普遍紧缺，中低产田比例低，生产力水平低下，水土流失严重，产业发展滞后。边境地区远离国内中心城市，资金、物力、人才和技术等方面的集聚力非常薄弱，而与内地和沿海发达地区的差距更大。近年来，民族地区农村产业融合发展迅速，但相关基础设施及配套服务仍需要完善。在乡村振兴攻坚和旅游景区建设的过程中，在基础设施建设方面投入了大量资金，虽说基本上都实现了"乡乡通油路、村村通公路",但也存在设计标准低、路面狭窄、大巴车通行会车较为困难等问题。如那坡县达金谷景观精致特别,石门初开的一线天,轻纱曼妙的小瀑布,金碧辉煌的崖壁,时缓时急的淙淙溪流……这些元素构建了别样的圣境。但由于交通不便,加之其他产业融合基础设施不足,至今尚未被挖掘开发,极大影响了农文旅康融合发展的广度和深度。

（三）产业链条短,融合产品创意不足

农户是农文旅康高质量融合发展的重要主体,但他们的参与热情亟待提高,近年来培养的新型农业经营主体对普通农户的带动力不足、示范性不强,而激发和提升农户参与度的利益联结机制也不完善。一些地方的农业产业结构失调,发展的盲目性、随意性突出;农民组织化程度低,农村社会服务体系尚未健全,农产品深加工的能力滞后、规模不足、程度有限。边境地区农村景区及周边农场的功能以农业观光为主,虽然增加了生态餐厅,但许多乡村旅游产品未能真正体现乡土特色、发挥经济价值,产品的影响力、吸引力不足。乡村旅游过于依赖农业资源,产品同质化明显,文化内涵缺乏,农文旅康融合的内生动力不足。农文旅康融合发展并不是简单的"1+1+1=3",它需要三类产业进行不同形式的组合,创造无限可能,产生"1+1+1>3"的效果,但目前农文旅康的融合发展还无法产生这么大的蝴蝶效应。目前,大多数农文旅康融合发展主要还是依托简单的观光旅游、销售农产品、参观农耕文化博物馆等项目的堆积完成,甚至因为农业的季节性特点,农文旅康融合过程中还表现出一种旺季太旺、淡季太淡的状态。这些都是由于产业链条短、融合产品设计创意不足造成的。

除此之外,产业链的融合还比较粗放,在产业融合深度和广度上有待进一步拓展，特别是交通通达性不高、经济比较落后的村镇，产业融合升级更是"呼声高、落地难"，"农业+""旅游+"等新业态还停留在传统发展模式上。具体表现为：第一，农业主导产业与文旅产业融合深度不够，产业链条短。由于缺乏区域资源整合与技术资金支持，不仅农业与旅游业之间的有效联动不足，休闲农业旅游与科技、健康、教育等其他产业的融合也不够自然。第二，特色村建设的乡村人文底蕴不足。文化是农旅融合的灵魂，很多乡村休闲体验项目仅流于观光玩乐、美食打卡、节事活动或模仿网红村等简单形式，传统文化流失致使民族特色不浓，产品及服务的文化内涵也不够，缺乏创新亮点。这些问题使得广西边境某些乡村通过农文旅康融合带动经济发展的进度缓慢。

四、林下产业赋能村集体受限，特色产业缺乏

（一）缺乏系统科学规划引领，产业发展区域协同不足

林下产业是一种新的产业形态，尽管产业发展门槛较低、见效较快、综合效益较高，但要使林下产业成为区域未来发展的主导产业，不仅需要在政策、技术、人才、资金等方面给予必要的支持，集聚产业发展所需的要素资源，形成产业发展合力。更为重要的是，需要科学瞄准市场需求，科学预测市场容量，并基于当地资源禀赋优势，选准产业发展方向，避免区域间无序竞争和市场饱和导致产业发展受阻。因此，在产业发展刚刚起步阶段，制订科学可行的发展规划显得尤为重要。据调查数据显示，目前还有相当一部分县尚未制定正式的林下产业发展规划。总体而言，虽然边境地区对林下产业发展高度重视，发展势头良好，但发展规划编制相对滞后。在推进林下产业发展过程中，一定程度上可能存在凭主观意志决策、缺乏科学论证、盲目跟风等现象，导致不

同区域林下产业产品选择趋同，容易造成区域间无序竞争，对未来林下产业持续健康发展埋下了隐患。

（二）龙头企业规模实力不强，带动引领与市场拓展能力弱

市场是林下产业发展中最为关键的一环，企业是处于市场最前端，对市场信息把握最准确，对市场信息反应最迅速的主体。因此，在林下产业发展过程中，龙头企业的作用不可低估。表1为广西边境地区林下产业相关的龙头企业发展的基本情况。从表中可以看出，边境地区林下产业龙头企业数量平均为1家，在开展巩固脱贫攻坚成果和衔接乡村振兴课题的调研访谈中，约有80%的访谈参与者认为龙头企业数量不足是本地林下产业发展的最主要瓶颈。总体而言，目前边境地区林下产业相关龙头企业数量偏少，而且现有相关企业往往规模不大、实力不强，市场拓展能力有限，龙头企业发展对本地林下产业发展的支撑与带动作用尚未真正发挥。

表1 边境地区林下产业龙头企业基本情况

市	县市级以上林业龙头企业数量/家	产品销售范围
百色市	2	全国
崇左市	/	广西
平均	1	/

数据来源：百色市、崇左市2022年度林下产业总结材料

另外，从三产融合角度来看，林旅一体化发展滞后，通过开发森林景观带动林下产业的生产、精深加工、促进消费的良好态势还没有形成。在当前边境地区的各条旅游线上，可作为森林景观供游客开展休闲、娱乐、研学的林下产业示范基地不多，林下产业产品中的林下中药材在旅游商品中所占的份额还不大，产生的经济效益还不高。如黎平县

东风林场号称"亚洲植物基因库",森林景观品位极高,而目前在《森林法》修改之后,利用规划没有制定,还处于较为粗放的程度,没有发挥好应有的社会效益和经济效益。

(三)技术服务支撑力量薄弱,生产经营标准化程度低

强有力的技术服务支撑与标准化生产经营,是确保林下产业良性健康可持续发展的关键。林下产业是新兴的产业形态,目前在品种选育、经营模式、生产经营标准等方面均尚未形成完整的支撑体系,不仅难以对林下产业的快速规模化发展提供有力支撑,还会因没有严格的生产经营标准,导致林下产业产品品质不达标,甚至会对森林资源或林地造成破坏,对于中药材经营与林下养殖而言更是如此。

从百色学院马克思主义学院开展巩固脱贫攻坚成果和衔接乡村振兴课题的实地调研情况来看,边境地区林下产业发展相关的科研与技术支撑力量明显不足,专门从事林下产业发展相关的研究机构与人员少,对林下产业发展支撑能力弱。如前所述,目前林下产业发展过程中,良种使用率很低,甚至多数经营主体不清楚其所使用的是否为良种,对品种来源也不清楚,详细描述可见前文。另外,调研结果还显示,在林下产业发展过程中,目前只有百色市1个市,针对林下养鸡制定了相应的林下产业产品经营标准,多数产品尚未制定相应的经营技术标准。特别是对于中药材与林下养殖而言,没有科学合理的生产技术标准,难以确保产品质量与林地可持续经营,将对产业发展造成严重损害。

(四)产品精深加工能力弱,林下产业链条短

农林产品深加工比例小、产业链条短,是我国农林产业发展中普遍存在的问题。致使当地农民无法更多享受产品加工增值利益,这也是我国农业经营总体效益低,城乡居民收入差距大的原因之一。因此,如何通过提高农林产品加工转换率,特别是就地加工转换,延长农林产品的

加工链、增值链、价值链，推进农业一、二、三产业融合发展，让当地农民更多地分享农林产品加工增值利益，是提高农业综合比较效益，缩小城乡差距，实现乡村振兴的重要战略举措。

五、机制不够健全，农村集体经济发展缺乏后劲

（一）人才队伍建设不完善，农村集体经济发展落实难

在百色学院马克思主义学院开展巩固脱贫攻坚成果和衔接乡村振兴课题的实地调研中发现，一方面百色边境地区乡镇的各类乡村振兴人才严重匮乏。据统计，边境地区现有农业技术人才数量不多。近年来百色边境地区尽管引进不少人才，但大都安排在县乡的各个部门，上面下派挂职的第一书记和乡村振兴队员由于专业各异，难以发挥专业特长指导村民掌握农业技术。还有就是百色边境地区大多数农村乡村振兴人才都是自然成长起来的"土专家""田秀才"，靠的是经验积累，绝大多数都是初中及以下文化程度，也没有接受过专门的培训。另一方面是乡村振兴人才队伍不稳定。目前百色边境地区乡镇农业服务站体系不健全，农技人员队伍不稳定，涉农院校的毕业生因编制已满难以进入乡镇农业服务站，使得基层农技专业人才队伍出现断层，在向深度贫困地区农村开展技术指导、技术培训、技术攻关以及提供信息服务等方面不能发挥应有的带动作用。没有专业技术人才，基层领导也无法在短时间内学习利用资源发展农村经济的具体办法和相关专业知识，这就导致农村集体经济发展工作无法落实。

（二）资产碎片化，难以形成规模经济

在百色学院马克思主义学院开展巩固脱贫攻坚成果和衔接乡村振兴课题的实地调研中发现，在百色边境地区农村内部的青壮年劳动力几乎都外出务工，导致百色边境地区农村内部土地无人耕种，使农村资产呈

闲置化、细碎化，导致基层领导没有有效的手段形成规模化经济，使村级集体经济在根本上受到阻碍。农村劳动力外流导致土地闲置率增加，阻碍村级集体经济的发展。由于遵循家庭承包责任制，农村土地几乎全部掌握在农户手中，却无法对其进行耕种，造成土地资源浪费，使农村土地资产呈现细碎化，难以形成规模经济。同时，百色边境地区部分农村由于一些历史遗留问题，农村内的部分村集体资产还没有明确归属问题，有的遗留产权甚至还存在争议合同，使农村部分集体资产产权所有问题模糊不清，导致基层组织无法有效开展村级集体经济规模化经营的工作。部分农村不断消耗内部的自然资源，造成农村内部自然资源匮乏且无新的资源可以开发利用，导致开源受制。例如，某农村的经济发展主要以渔业为主，但是在过去的许多年中，农民不断消耗渔业资源，不懂得可持续发展的重要性，基层组织也不对其加以干涉，导致近几年农民已无鱼可捕，农村内部也没有帮助农民增收的其他产业途径。

（三）乡镇扶持机制不健全，指导扶持力度不足

调研中发现，百色边境地区农村集体经济的发展还存在乡镇对所辖村级集体经济的发展缺乏整体性的规划与布局。由于地理位置、人才储备以及农户实际情况等方面的不同，不同的村拥有其独特的发展优势，村与村之间无法相互借鉴和学习。如果乡镇不对所辖村的集体经济进行大方向上的指导，就会使得村与村之间的发展目标不够统一，农村所特有的优势无法发挥出最大的价值，使村级集体经济无法有效发展。同时，由于村与村之间的发展目标不够统一，在进行经济发展的过程中，村与村所发展的产业可能会互相矛盾，在发展的过程中，会对对方的经济发展造成干扰，导致村级集体经济的发展路线走偏。乡镇对于农村集体经济的扶持力度也不够大，一方面，乡镇在进行农村集体经济发展的过程中没有制定完善的扶持制度，导致在扶持过程中出现各种问题也无

规可循、无法可依，大大降低了农村集体经济的发展速度。另一方面，乡镇对于农村集体经济发展的资金扶持也无法满足农村的实际发展需求，使得农村相应项目在发展与建设过程中出现资金链断裂的情况，导致项目无法继续发展，只能前功尽弃。部分农村项目的投资较大，见效较慢，发展周期较长，一些乡镇的扶持工作会在项目进行的后期阶段逐渐消失，导致后期投入无法支撑项目完成，阻碍了农村集体经济的发展。

第七章

共同富裕进程中百色市边境地区农村集体经济发展的路径选择

一、加快推进百色边境地区农村集体产权制度改革步伐

（一）合理规范集体股的股权设置

集体股是否设置取决于集体经济组织经济能力及为成员提供公共服务的不可替代性。改革的最初阶段，多地的普遍做法是在股权设置中预留出集体股的部分。但随着改革的不断深化，应充分尊重农民意愿，将集体股的设置比例进行相应调整。在现行农村集体经济组织会计制度中，集体股是在资本科目中进行核算，以集体股形式留取的收益，应在公积金科目中进行核算。因此，农村集体经济组织用于公益性事业支出所需资金可以通过设置集体收益中公积金的比例来满足。这既保障了集体经济组织成员享有基本公共服务的权益，又为发展壮大农村集体经济奠定了物质基础，有助于集体经济组织的长远发展。

（二）保障集体经济组织成员的财产权益

可出台《百色市边境地区农村集体产权制度改革试点工作实施方案》，试点推进股权质押贷款，让群众手中"沉睡"的资产活起来，更多地享受改革成果。进一步落实好农民在集体资产股份中的占有权、收益权，向经济合作社成员出具股权证书，这是确保成员依法享有对集体

资产股份的占有、收益，并参与决策、监督的重要环节。在继承权方面，引导集体经济组织重点探索具备法定继承人资格，但又不是集体成员的人员继承集体收益分配权的规则。充分保障农民在集体资产股权中抵押、担保权的实现。利用县域资源搭建农村产权交易平台，将所在地区农村股份经济合作社资产资源、股权量化、收益分红、质押登记等信息全部纳入管理平台，实行动态管理，实时查询。制定各项权能质押登记细则，允许农民作为股权户以股权为质押物申请借款，由农村产权交易中心办理质押权登记的相关手续，经核实后发放对应的股权他项权证。集体经济组织应对出让方和受让方做出详细规定，如果受让方为经济合作社成员，则股权占比应当设上限值；如果受让方为集体经济组织则应对赎回程序、价格以及后续处置情况进行严格规定。

（三）探索发展新型农村集体经济的路径

当前，许多地方都在探索新型农村集体经济的实现形式。可探索通过土地规模流转获得"保底+分红"收入的农村集体经济，还可发展新型集体经济的模式。一是发展农村混合所有制经济。集体经济组织通过整合村域内的山林、土地、水塘等集体所有的资源性资产，以资源股的形式投入产业项目中。以集体名义投资兴建或购置的房屋、设备等经营性资产，以及财政补助形成的资产等作为出资，引导和吸引农民投入土地经营权，外部主体投入资金、技术等多种资源，共同发展农村混合所有制经济，带领农民走向合作与联合。二是探索政府财政"以投作股"形成集体所有股份。在国家所有权不做改变的条件下，允许村集体享有对财政投入形成的各类资产的占有权、收益权，并按照一定比例对成员进行股权分配，以此吸引村民把分户占有的资源性资产按照约定比例入股到村集体。

（四）加快农村集体经济组织立法进程

随着农村集体产权制度改革的逐步深化，农村集体资产的总量日益增加，农村经济合作社参与市场各类经济活动的频次越来越高，因此越发需要出台相应的法律。一方面，要明确农村集体经济组织的本质特征、运作机制等重点内容；另一方面，要统筹规定集体经济组织的形式、运行模式，构建农村集体经济组织的资产权属确认和分配机制，明确农村集体经济组织成员的认定标准等具体内容。当前，多数省市都颁布了《农村集体资产管理条例》，能够将有关农村集体产权制度的改革经验、实践成果及时纳入相关的法律政策中，同时也有利于进一步规范集体经济组织成员的身份认定、股权比例划分以及集体资产的股份制改革等。

二、加强边境地区农村土地利用，提高土地要素配置效率

（一）科学规划边境农村土地利用

土地利用重在规划。建议从自治区层面编制实施《广西边境地区农村土地利用总体规划》。因为边境地区的 8 县区市涉及东兴、凭祥和百色三大国家重点开发开放试验区建设以及国家安全问题，农村土地的开发利用将面临新的机遇和挑战，亟须从顶层设计上对边境地区农村土地的开发、保护、整治、利用等方面加强统筹协调。规划应体现权威性、针对性、前瞻性、指导性和可操作性。要充分运用"三调"成果，确定边境地区农村土地利用战略和规划目标，对农用地、建设用地和生态用地的规模、结构和布局进行规划和调整，结合重大基础设施和重大产业项目用地规划合理开展土地利用分区，完善城乡建设用地空间管制，加强对各县区市农村土地利用的引导和调控。

（二）增加边境农村建设用地指标

为支持稳边、安边、兴边，2016 年国务院提出对距边境 0～3 公里范围的土地实施差别化的特殊用地支持政策，以鼓励边境地区群众搬迁安置到这个区域。建议将该政策的支持范围扩展到 0～20 公里。向该区域倾斜建设用地指标，实行建设用地占比管控政策。边境乡村振兴离不开产业的有力支撑，而发展产业必然需要大量的建设用地，但目前上级给予边境各县区市的建设用地指标难以满足产业发展需要。同时，在农用地不减的原则下，建议自治区每年预留适量新增建设用地指标，专门用于边境乡村产业建设用地需要，促进边境地区加快实现乡村振兴。此外，边境地区可通过土地置换、城乡建设用地增减挂钩、争取国家和自治区重点建设项目、充分挖掘存量建设用地潜力、引导建设项目使用未利用土地等方式来拓展建设用地空间，以满足边境地区日益加大的发展需求。

（三）加大农村土地利用资金支持

由于边境地区刚刚脱贫摘帽，没有足够的财力推动农村土地高质量利用，建议从国家和自治区层面增加相关专项资金，专门支持边境地区农村土地的利用和管理，主要用于高标准农田建设、复耕复种、耕地地力调查、耕地质量监测和土地生态修复等。建议在现有高标准农田建设补助力度的基础上，适当增加边境农村的高标准农田建设补助额度；对复耕复种达到数额要求的农户增加补助比例，以增强边民复耕复种的积极性和主动性；耕地地力调查、耕地质量监测和土地生态修复均需要投入大量的人力物力，建议设立相关专项资金予以支持。

（四）提升边境农村土地利用效益

建议开展边境全域土地综合整治。一是加强规划管理。要层层落实耕地保护和基本农田保护责任，完善领导干部考核指标体系，将耕地保有量、基本农田保护面积、新增建设用地面积等作为土地管理责任目标考核的重要依据。二是优化产业结构。加大产业结构调整力度,加快农村"三产"融合发展;调整农业内部种植结构,优化土地利用结构;提高农村基建用地比例,加强土地功能分区,调控和引导不同区域土地利用方向、结构与布局,实施差别化土地利用政策,协调各类各业用地矛盾,促进土地资源优化配置。三是节约集约用地。按照"管住总量、严控增量、盘活存量、提高质量"原则,加快推进农村土地入市,充分发挥土地市场配置资源作用,对各项非农业建设用地严格实行按投资额、投资强度限额供地,控制用地规模,鼓励企业投资建设多层标准厂房。边境各级政府要合理配置农村土地资源,提高边境农村土地利用的综合效益。

(五)加强边境国土空间用途管制

针对边境地区既有农用地后备资源不足、整体生产效率偏低的现状,建议加强边境国土空间用途管制。在农村用地调控方面,要重点利用已开发但还处于闲置状态的土地,合理扩大缓坡地、滩涂等发展空间,以满足边境经济社会发展的用地需求。在土地整理复垦方面,重点对矿区开采、废弃土地等进行整理复垦,以解决人地矛盾、土地荒废、浪费等问题,遏制耕地"非农化""非粮化"。在水土流失治理方面,要结合现状并考虑发展规划,科学制订边境地区农村土地治理方案,在加大土地供给量控制力度的基础上,不断提升土地利用率,使土地利用和生态建设保持平衡。在土地生态环境保护方面,要坚决贯彻新发展理念,大力支持环保产业和生态产业,边境地区要主动和农科机构、地方高校等加强合作,大力推广和应用现代化农业技术,促进农村土地被高质量利用。

三、推进边境农文旅康高质量融合发展，赋能农村集体经济发展

边境地区农文旅康融合发展是我区农文旅康融合发展的缩影，是我区农文旅康融合发展的特色、优势和方向，推进广西边境地区农文旅康高质量融合发展是实现广西边境乡村振兴的重要抓手。总体来看，广西边境地区农文旅康融合发展还处于初级阶段，推进广西边境地区农文旅康高质量融合发展，建议从自治区层面提供政策支持，推进精准化实施；发挥边境地方政府协调功能，搭建多重合作平台；统筹边境农村建设用地指标，完善公共服务体系建设；统筹农文旅康资源开发利用，探索多业态融合发展模式。

（一）提供政策支持，推进精准化实施

一是制定促进边境地区农文旅康融合发展的制度和政策，将助农促文强旅的政策、资源、资金、技术、信息等更多地下沉边境地区村屯，为边境地区村屯推进农文旅康高质量融合发展注入动力和活力。二是分步有序地培育和打造边境地区村屯农文旅康高质量融合发展综合体，构建"农文旅康融合、康养种结合"的边境地区乡村产业发展新格局，成为边境地区村民增收致富的新的增长点，力求打造一个点就成功一个点、打造一个点就成就一个精品点。对特色鲜明、集中连片的新发现新项目加大投入，如那坡者兰达金谷秘境、"尼的呀田园综合体"等，在充分调研和论证的基础上，高规格策划，高标准实施，高要求运作，精准发力，务求实效。三是整合相关部门的力量、信息和资源形成合力。可由自治区发改委牵头，会同农业农村厅、文化和旅游厅、财政厅、市场监管局、大数据发展局等部门，培育和发展边境地区乡村农文旅康融合发展新业态，实现边境地区农村产业与文化旅游业、服务业高效链接与高度融合。

100

（二）发挥边境地方政府协调功能，搭建多重合作平台

一是以创新开发模式，制定优惠政策，向当地群众投资开发的农文旅康项目做适当政策性倾斜，探索项目拟采取多重主体共建运营模式，即由政府出资基础设施建设，村集体合作社负责资产管理，村企业运营，农民自主参与模式；二是加强对边境地区开展农文旅康融合的财政转移支付力度，使广西边境地区乡村振兴的工作平稳持续开展；三是政府将分散于农产品加工、农产品流通、休闲农业开发、农业产业化等领域的政策进行整合，搭建合作平台，可以使投资者、经营者、村民共同出股份，发挥多方合力的作用；四是搭建合作平台，政府可以引导投资主体与经营主体进行产学研一体化，支持投资者和经营者选出各自队伍里面的优秀骨干进行深造，不仅可以去搭建合作平台比较成功的地区进行学习，也可以联合诸如百色学院、广西民族师范学院进行产学研一体化，通过深造培养出既懂农文旅产品设计又有营销思维的复合型人才，最终使培养出的创新型人才推动"农文旅"产业的发展。此外，要实现广西边境地区农文旅康融合的和谐发展，必须构建兼顾公平的利益均衡机制，主要包括建立利益争取机制、利益分配机制、利益保障机制等。

（三）统筹边境农村建设用地指标，完善公共服务体系建设

一是建议从自治区层面统筹边境农村建设用地指标并给予倾斜支持，特别是现代种养业、农产品加工流通、乡村休闲旅游、乡土特色产业、乡村信息产业及乡村新型服务业等乡村产业项目纳入"点状供地"项目范围，优先安排用地指标，加快办理规划、用地、供地等手续。对于高山种养循环设施使用一般耕地，不需落实占补平衡。设施农业用地者与乡镇政府、农村集体经济组织签订用地协议后即可获得用地。二是要加强基础设施建设，完善配套服务体系。产业融合发展中很多问题根

源不在于相关产业，而在于地方基础建设的滞后，尤其是道路交通和环境卫生方面。因此，边境地区应立足乡村振兴战略，加强农业旅游顶层规划设计、建设智慧乡村，政府应加大对软硬件设施投入力度，优化停车位、公共卫生间、休息室等公共旅游服务。三是要坚持绿色发展理念，兼顾经济、文化和社会效益，正确处理好旅游发展与生态环境、社会治理的关系。农文旅康深度融合发展，必须牢固树立和践行"绿水青山就是金山银山"的理念，运用绿色发展的理念和模式，坚持开发与保护并行，对现有或新发现的诸如那坡达金谷乡村旅游和农业资源进行系统规划、生态开发，打造生态美丽、乡风文明的乡村休闲度假目的地。

（四）统筹农文旅康资源开发利用，探索多业态融合发展模式

为了使产业链条增长，除了在融合产品上开拓与创新，一是积极推广使用"生产基地+加工企业+流通企业"或"公司+基地+协会+农户"等产销模式，盘活边境乡村资源和资产，使农民变成拥有新技术、新思想的经营农户，延伸产业链条，实现致富目标。二是推动农文旅康资源统筹开发利用和多业态的融合发展，以增强对游客的吸引力，实现将游客"引进来"且"留得下来"。加快推进生态农业、文化旅游和康养等资源一体化管理改革，打破现行体制障碍，对各类自然资源的开发、建设进行统一规划和管理，扩大资源组合开发利用的效益。在这个过程中，要注重对优质的农文旅康资源进行深度挖掘，将中药（民族药）、森林和温泉等有益于身心健康的康养资源与休闲农业和文化旅游产业发展相结合，打造多种资源组合开发的乡村健康休闲旅游产品。三是要加快推动康养产业与现有的农旅、文旅项目融合发展打造田园旅居、疗养旅居、文化体验旅居和依托长寿资源旅居等模式，建设一批乡村康养社区产业综合体，塑造"食在乡村，养在乡村"的原生态乡村康养形象。

四、高质量推进边境地区林下产业发展，发展特色产业

为加快推进广西边境地区林下产业发展，提升边境地区林下产业发展整体水平，确保林下产业发展相关重点工作落实到位，更好地发挥林下产业在脱贫攻坚与乡村振兴中的作用，具体提出以下建议。

（一）通过政策倾斜，加强林下产业示范带创建的支持力度

发展林下产业既是践行"两山"理念与实施绿色发展的客观需要，也是边境地区依托自身资源禀赋扬长避短实现跨越式发展的有效路径。目前边境地区各级政府均十分重视林下产业发展，已经形成一定规模，具备较好的发展基础，并在精准脱贫攻坚战略中发挥了重要作用。但要进一步扩大产业规模，提升产业发展整体水平，目前依然面临诸多制约与短板，仅凭边境地区自身实力，难以实现快速扩大规模与提升发展质量的目标。因此，请求国家在《左右江革命老区振兴规划》（2015—2025年）、《广西东兴重点开发开放试验区》《广西百色重点开发开放试验区》等基础上，重点加强对边境地区林下产业发展，特别是对林下产业示范带创建的支持。

首先，将百色市边境地区农村集体经济整体纳入国家级林下产业示范带建设中。建议批准设立边境地区纳入国家级林下产业示范带，由国家发改委会同国家林业和草原局、农业农村部、财政部等部门，联合制定《左右江革命老区林下产业示范带建设规划》，出台相关支持政策，快速推进老区林下产业示范带建设，扩大林下产业规模，提升林下产业发展水平，更好地服务老区精准脱贫与乡村振兴。其次，国家设立老区林下产业示范带建设财政专项资金。在国家层面设立边境地区林下经济示范带建设财政专项，专项资金不低于1000亿元，首期资助期限为5年。专项资金主要用于以下几方面：一是林下产业标准化示范基地建设

补贴，对于林下种植按照每亩 800~1000 元的标准进行补贴；对于林下养殖参照现有畜牧养殖补贴标准进行补贴。二是林下产业综合加工园区建设，主要用于园区"一平三通"基础设施建设以及先进加工绩效设备的购置补贴。三是用于林下产业创新研究院建设投资。四是用于林下产业数字平台软硬件建设投资。最后，对林下产业发展用地与融资政策给予倾斜。一是由国家林业和草原局牵头，依据新修订的《中华人民共和国森林法》相关规定，研究调整林下空间开发利用相关政策，特别是要对生态公益林调整以及生态公益林林下空间利用政策做出相应调整与优化，适当放宽生态公益林调整与林下空间利用限制，为边境地区林下产业发展用地需要提供保障。二是对于林下产业发展投融资政策，特别是对于采用 PPP 投融资项目的审批门槛可适当放低，以便吸引更多的社会资本参与林下产业发展，有效解决林下产业发展资金短缺的瓶颈。

（二）育龙头、创品牌，推动农产品加工业高质量发展

一是加大政策扶持力度，支持农产品加工企业发展。加强规划引导和政策支持力度，研究出台《边境地区林下农产品加工业发展规划》《进一步加快农产品加工业发展的意见》等规划和政策措施，在财政、税收、金融、用地、用电等方面支持农产品加工企业发展。建立市本级农产品加工业发展专项资金制度，支持重点龙头企业开展技术改造、技术创新、扩大生产、贷款贴息、品牌创建等。设立市本级现代农业发展基金，降低门槛、简化手续和流程，减轻企业融资成本。重点扶持和培育一批国家级、自治区级龙头企业，大力推进农产品加工企业上规模、提档次，培植一批年销售超 5 亿元、10 亿元、20 亿元的规模龙头企业。

二是立足本地特色资源，发展壮大农产品加工主导产业。依托我市丰富的农产品资源，以林产、果脯、茶叶、生物制药、茧丝绸、山茶

油、山楂果酒、刺梨汁、姜晶等特色农林产品为主导产业，加强规划引导，在财政、税收、金融、用地、用电等方面加大政策支持力度，积极推进现代信息技术与农产品加工相结合，通过数据采集、云计算等手段进行大数据分析，推动农产品加工企业产品开发、生产制造、市场销售等业务数字化、智能化和网络化，推动农产品加工业与信息化融合发展。

三是加大林下产业项目招商引资力度，引进和培育一批龙头企业。精心策划一批优质项目，加大招商引资力度，引进投资规模大、科技含量高、品牌吸引力强的农业龙头企业，带动市农产品加工业规模化发展。支持农产品加工企业向前端带动原料基地建设，向后端推进物流营销和服务网络建设。打造一批集原料基地建设、生产加工、仓储物流、休闲旅游于一体的集团企业。

四是大力提升品牌培育创建能力。树立企业以质量和诚信为核心的品牌观念，不断挖掘品牌文化内涵，提升品牌附加值和软实力。鼓励企业充分利用自媒体、社会媒体、终端消费群体等平台，加速品牌、生产和销售能力的全面升级。鼓励品牌策划机构参与企业品牌培育活动，为企业提供有前瞻性、顺应时代发展特点的品牌培育模式，加快培育广西名牌产品和名牌企业。

（三）加强人才培养和引进工作，加强科技人才服务工作

一是充分发挥科技引领作用，加大对林业专业人才的培养和引进力度，进一步优化各级林业系统干部队伍人员结构，引进高学历林业专业科技人才，有效提升林业科技创新驱动发展能力；充分利用广西林科院平台，发挥百色特有的区位和资源优势，加强与院、校、企业（专业合作社）的合作交流，推进产学研深度融合发展，集中攻关以油茶培育、加工技术为重点的课题研究，加快林业科技成果转化。二是加强科

技服务，全面提高技术水平。以县乡基层林业站、农业经作站等为主导，成立技术服务组，建立健全社会化林下产业服务体系，分片包点提供全方位技术指导服务。通过聘请专业院校及有关单位的农业知名专家成立技术服务专家组，开展种植、技术推广、生产资料供应、产品营销等服务，定期或不定期下乡进行林下中草药种植实用技术培训，不断提高农户的科技素质，加强对企业、示范户和农民技术骨干的信息咨询和业务培训，切实提高林下产业生产管理水平，增强抵御市场风险的能力。

（四）打造林下农产品加工集聚区，提升标准化生产能力

一是引导农产品加工企业集群发展。整合全市优质山茶油、果蔬、木薯、中草药等农产品资源，做好农产品加工聚集区规划，加强与城乡规划的衔接，合理布局农产品生产与研发设施。根据规模需求，落实安排农产品加工聚集区、仓储物流、产地批发市场建设用地。加快农产品加工聚集区建设，推动农产品加工企业向工业园区集中，提高农产品就地加工转化，促进原料生产、加工、销售的有机衔接，在农产品加工集聚区内形成前后相连、上下衔接的产业集群。

二是大力提升标准化生产能力。以满足新产品、新技术、新市场发展需要，加强行业标准宣贯，引导企业严格执行强制性标准，积极采用先进标准，大力推行标准化生产。加强对农业产业化龙头企业、农产品加工领军企业、农民合作社等规模化生产经营主体的技术指导和服务，充分发挥其开展标准化生产的示范引领作用。支持企业、科研院所、行业组织等参与国家行业标准制定。

三是大力提升质量管理体系建设。鼓励农产品加工企业开展先进的质量管理、食品安全控制等体系认证，对质量管理岗位实行岗前技能培训和持证上岗制度，定期开展质量改进、质量攻关等活动，提高加工环

节的质量管理。引导企业将质量管理前沿后伸到原料生产、物流销售等环节，逐步建立全员、全过程、全方位的质量管理制度，实现全程质量管理和控制。

五、创新机制，激活农村集体经济发展内生动力

（一）激发农民的主体性和创造活力

农民是农村集体经济的创造主体和价值主体。作为创造主体，农民在集体经济的建设发展中，是一个行为的发动者，具有主体能动性；作为价值主体，农民同时又是集体经济的成员，是其中的对象和客体，具有一定的被动性。农村集体经济的发展与农民自身的利益密切相关。在构建农村集体经济与农民发展良性互动系统时，要考虑农民主体的双重特性。作为客体，农村集体经济在发展中要坚持以人为本，争取农民的拥护和支持，激发农民主体性的发挥，获得集体发展的动力；作为主体，农民在农村集体经济的发展壮大中，要注重提高素质，完善自身，以强大的创造能力促进农村集体经济更好更快地发展，从而使自身的价值得到体现，利益得到实现，二者互相促进，相得益彰。

第一，实施有效的激励机制，发挥农民的主观能动性。马克思主义强调在尊重客观规律的前提下，要充分发挥人的主观能动性。主观能动性是促进个体发展从潜在的可能性向现实转化的决定性因素。激励机制能够促使人的热情和能量得到激发，潜力得以开发，能动性得到发挥，从而推进人的全面发展。自我国改革开放以来，农民思想得到了解放，价值观念不断更新，但大多数农民还具有分散性、闭塞性、保守性等特点，缺乏主动性和创新性。所以，实施有效的激励机制，用物质与精神的激励手段促进农民主体意识的增强和能力水平的提高，用惩罚与奖励的方式引导农民的行为意识，可以使之尽快克服封闭性、保守性、依赖

性、狭隘性等缺陷，走向开放、独立和全面发展。第二，加强农民的思想教育和科技文化教育，增强农民的创造性。人的发展水平很大程度上取决于教育。教育不仅是提高社会生产力的一种方法，而且是造就全面发展的人的唯一方法。教育的真正目标是培育有责任心的公民，使他们的理性精神能够张扬，德性得以养成，个性得以确立。教育之于农民的发展、之于农村集体经济的发展尤为重要。

（二）加强农村人才建设，聚力农村集体经济发展

在高质量脱贫和可持续脱贫的双重目标要求下，如果没有强有力的扶贫人才作为保障，就难以为精准脱贫和兴边富民打下坚实的基础。为此，我们建议实施特殊的扶贫人才开发计划。一是培养本土人才。本土人才具有熟悉当地情况和拥有当地人际资源的优势，通过遴选百色边境地区具有管理、种养、医疗等专长的人员进行多样化培养培训，发挥他们的引领带动作用。二是加大选调生和大学生村官的引进力度。将他们下派到贫困村屯锻炼，发挥他们对新政策、新科技手段能够精准把握和运用的优势。三是柔性引进外部专业人才。从发达地区引进专业人才，这类人才有系统的管理经验和先进的发展理念，能够发挥辐射效应。当然，对本土人才和引进人才也要注重精准性，要结合百色边境地区的发展需要来培养和引进，坚持"不拘一格，但求实用，不求所有，但求所用"的原则，同时加强对扶贫人才的管理服务，建立健全激励机制。

（三）推进新乡贤融入乡村治理，助力乡村振兴

新乡贤是一个规模巨大的乡村精英群体，是乡村振兴的宝贵资源。将新乡贤融入乡村振兴，是形势所需，大有可为。

1. 建立新乡贤的遴选和准入机制

将新乡贤组织起来，引导他们为家乡发展贡献力量的首要前提是找到新乡贤。新乡贤是一个特定的群体，其组成人员的一个普遍特征是

"在本地成长成才，在他乡建功立业"。这在客观上为寻找新乡贤、组织新乡贤带来了一定的困难。因此，建立新乡贤的遴选和准入机制是首要工作。其次，确立新乡贤的标准，严把质量关，不仅要看其职位职务和才能财富，更要以政德、德望为先，强调德才兼备，实行政德一票否决。联合各村委的力量进行调查摸排，筛选新乡贤，形成初步名单；既要选择致富强人、退休官员，也要吸收文化能人、高知分子。如一些有德行、有声望、有影响力的老教师、老干部、老医生等都可以吸纳到新乡贤的预备队伍当中。最后，与新乡贤备选人员沟通对接，由自然村（屯）推荐提名，行政村拟出初选名单，经乡镇一级党委审定、备案后在各乡村进行公布。

2. 建立新乡贤信息沟通平台和运行组织

充分发挥乡贤理事会的积极作用，要形成权责明确、运行有序、依法自治的社会组织。信息沟通平台和运行组织要做到常态化、规范化运行。一是建立网络信息沟通平台。因为各新乡贤分散在全国各地，因此必须建立起网络信息沟通平台，如微信群、QQ 群，甚至是网站。这既是信息沟通平台和情感维系的纽带，也是参事议事、文化宣传的重要渠道。二是根据相关法律法规和各个乡村的村规民约，如《社会团体登记管理条例》等组建各个新乡贤组织。建议以一个行政村或者几个行政村的乡贤为单位组建基层新乡贤组织，并依据相关法律法规，建立新乡贤组织的章程和制度。新乡贤组织的章程要说明和界定性质、功能、权责和法律定位等，目的是将新乡贤的活动限定在法律范围之内，使新乡贤组织具备文化合法性、社会合法性、行政合法性和法律合法性。三是要建立新乡贤参事工作制度。制定履职承诺制、权力负面清单制、财务公开制、议事制、年会制、活动申报制、信息公开公示制、评议总结制、考核评估制等，发挥制度的约束保障作用，推进乡贤组织科学化、规范化运行。

3. 建立新乡贤参事议事的服务机制

建立新乡贤参事议事的机制是将新乡贤融入乡村振兴的关键举措。一是作为基层自治组织，村两委应想方设法提供拓宽新乡贤参与乡村振兴的渠道、机会，新乡贤理事会成员可以列席村两委会议，保证新乡贤对村级事务尤其是重大事务具有充分的知情权、发言权和参与决策的权利，引导新乡贤在村级事务中充分发挥作用。同时，要注意防止村委和新乡贤理事会职责边界不明确的问题。二是推行"村两委+新乡贤理事会"的新治理模式。村两委是"主导"，新乡贤理事会是"辅助"，村两委负责"断"，新乡贤理事会负责"谋"。新乡贤理事会对乡村事务给予支持、协调、帮助。例如，浙江德清新乡贤参事会实施"六环节"参事议事制（按照民意调查"提"事、征询意见"谋"事、公开透明"亮"事、回访核查"审"事、村民表决"定"事、全程监督"评"事），从程序上保证公开、公平、公正。三是新乡贤理事会参与的事务分为重大事项和一般事项两类。一些重大事务，如乡村产业引进与发展、乡村集体企业的建立等需要新乡贤广泛和深度参与。鼓励新乡贤利用各自的财富、知识、社会资本为乡村的产业发展、文化振兴献计献策。

4. 建立政府层面的激励机制

政府应当制定相关制度为新乡贤开展工作提供后台支持。一是政府应当制定新乡贤选聘制度，赋予其执行事务的名号。例如，县级以上人民政府可以通过一定的程序对新乡贤实行荣誉聘任，选聘优秀的返乡乡贤担任乡村治理者的助理、顾问等职务，赋予其头衔，使得其执行事务有名号所依。二是政府应当制定严格的奖励制度，激励新乡贤发挥作用。新乡贤是无官职、无薪金、无福利的"三无"人员，其参与乡村治理仅凭奉献家乡的热情，给予他们充分的肯定和社会荣誉是为了促进其为家乡建设的积极性。政府可以制定新乡贤奖励制度，采取多元化的形式对他们进行表彰、奖励来增强他们的荣誉感和成就感。三是政府可以制定政策鼓励新乡贤成立议事组织。新乡贤可以成立研究性组织、协商性组织、亲善性组织三种非营利性组织参与乡村振兴。例如，成立新乡贤研究会侧重于新乡贤文化的传承，为政府和村委会开展乡村振兴提供可行性建议；成立新乡贤参事会，直接参与乡村治理中，对具体事宜形成决策性意见并上报有关机构；成立新乡贤宗亲会，侧重于宗族传承、宗族矛盾的有效化解、宗族联谊等事务。

5. 建立党组织领导下的监督考核机制

新乡贤在参事议事的过程中，可能会出现消极怠工、权责不明、越权越位，甚至贪腐等现象。从底线思维出发，建立党组织领导下的考核监督管理机制十分必要。强化基层党组织"主心骨""牛鼻子"的领导核心地位，这是新乡贤参与乡村治理的前提条件。一是抓实建强基层党组织。新乡贤是各行各业中的精英、翘楚、榜样、楷模和先锋，要整合新乡贤资源，必须延伸党组织的工作触角，激活党组织的"神经末梢"，把党支部建在自然村或村民小组。选好配强乡村党组织带头人，选拔德能勤绩廉各方面过硬的体制内新乡贤加入村"两委"，充分发挥基层党组织的战斗堡垒作用。二是加强基层党组织对新乡贤参与乡村振兴的监督领导。选树新乡贤应由基层党组织把关，成立新乡贤组织应由基层党组织监管，新乡贤组织负责人原则上应由村"两委"负责人兼任，乡贤组织运行机制和业务活动应由党组织审核监控，把党的政治优势和新乡贤的带动优势结合起来，警惕政治道德短板的伪乡贤混入新乡贤队伍。三是正确处理新乡贤与村"两委"的辅和主、谋和断的关系。新乡贤参与乡村振兴显示了社会力量和民众力量多方参与乡村振兴的价值。但是，民间权威不能取代官方权威，新乡贤必须找准自己的"生态位"，明确自己的职责范围和行动边界，尊重原生治理主体村"两委"的决定，发挥好乡村振兴参谋、智库、军师、顾问的辅助补位作用，防止越位错位架空村"两委"。

（四）拓展销售网络渠道，推动产销对接

解决农产品的销售问题是保障深度贫困地区贫困户种养积极性和持续脱贫的重要方法。我们建议：一是组织开展标准化生产和培育更多的农产品经营主体。有计划地组织贫困户开展标准化生产，是解决农产品销售难的前提，针对农产品存在季节、规格和品质的差异，具有分散生产与集中销售的特点，农产品销售就需要更多的经营企业和经纪人参与，组织农产品经纪人参与产业的指导，通过提供市场信息，帮助农户调整种植品种结构，影响并带动农户的种植生产情绪。政府可以安排专门的资金，对农产品销售和推动产业升级、调整种植品种结构有特殊贡献的经营企业和农产品经纪人予以奖励，从而造就更多的企业和经纪人参与农产品销售。二是鼓励农业企业和农民专业合作社开展农产品深加工。提高农产品附加值和农民收入，通过简单或精深加工进入市场、边贸、超市等，鼓励农民专业合作社开展保鲜冷藏或简单加工，延长农产品销售时间，对农民专业合作社开展农产品深加工项目，政府应在供地、用电、税收上给予优惠，支持更多企业向农产品深加工领域拓展。

（五）强化党建引领，夯实农村集体经济发展根基

百色边境地区农村党建是壮大农村集体经济的政治保障。为此，一要发挥村支书的带头作用。村支书首先要自身干净，才能有号召力和组织力，说话别人才爱听，不仅要做经济上的"领头羊"，而且要做政治上的"领头雁"，真正发挥带头引领作用。二要强化村党组织建设。在强化现有党员管理培训的基础上，大力发展新党员，吸引更多优秀年轻

人、致富带头人、脱贫模范等加入党组织，不断壮大百色边境地区农村基层党组织的力量，为将来的乡村振兴奠定坚实基础。三要创新农村集体经济经营模式。由村"两委"为经营主体，结合本村产业优势来发展集体经济。启动50万元的农村集体经济发展资金，村民以土地和劳力入股，发展如中草药种植、有机农产品、木材加工等农村集体经济产业。聘请有管理经验和技术专长的人员负责日常管理和市场营销，村"两委"负责组织和监督工作，这样既增加了贫困户的收入来源，也解决了无人经营农村集体经济的问题。

结论与思考

　　农村集体经济是全面推进乡村振兴的重要议题，探索农村集体经济的有效实现形式是新时代全面推进乡村振兴和推进全民共同富裕的重大任务和重要抓手。百色市边境地区由于各种因素，社会、经济与其他地区还存在不同程度的差距，特别是农村社会经济发展整体滞后，在共同富裕进程中需要更加精准施策、精准发力，才能实现弯道超车。

　　百色边境地区在推动共同富裕进程中发展集体经济应该聚集以下几方面：一是科学利用百色边境地区农村土地。"有土斯有人，万物土中生。"习近平总书记强调："要像保护大熊猫那样保护耕地。"① 广西百色边境地区作为中国与东盟衔接的前沿阵地，是筑牢国家生态安全的重要屏障和对外开放合作的桥头堡，特殊的战略区位和国土空间格局，边境地区被赋予更加艰巨的"绿色责任"和"安全责任"。如何高质量利用农村土地发展农村集体经济，厚植国家安全、乡村振兴和兴边富民根基，成为当前亟须解决的现实问题。二是在发展集体经济过程中如何推进广西边境地区农文旅康高质量融合发展问题。产业兴旺是乡村振兴的

---

　　① 习近平. 习近平谈治国理政：第 4 卷 [M]. 北京：外文出版社，2022：395.

重要基础，融合发展是产业兴旺的重要路径，广西边境地区的农业资源丰富多样、民族文化鲜艳多姿、山水人文旅游资源瑰丽多姿，在推进农文旅康融合发展方面具有先天优势。但还存在经营利益分配不均衡，农民参与意愿不高，产业拓展能力较为薄弱；土地资源普遍稀少，基础设施建设滞后；产业链条短，融合产品创意不足，乡土特色难以彰显等问题。推进广西边境地区农文旅康高质量融合发展是实现广西边境乡村振兴的重要抓手，建议从自治区层面提供政策支持，推进精准化实施；发挥边境地方政府协调功能，搭建多重合作平台；统筹边境农村建设用地指标，完善公共服务体系建设；统筹农文旅康资源开发利用，探索多业态融合发展模式。三是林下产业发展问题。林下产业发展是一项推动新农村建设，"绿山富民"的工程，是提高林地产出、增加农民收入的有效途径，是借助林地的生态环境，充分利用现有的林木地资源和林荫优势，开展林、农、牧等多种项目的主体算作复合生产经营，推动林、农、牧协调发展的生态农业模式。四是要不断完善农村集体经济要素市场。解决农村集体经济市场的信息不对称。农村集体经济组织作为微观经营主体，要明确农村集体经济组织市场主体地位，只有与宏观市场经济体制对接，才能建构起集体经济的有效实现形式。集体经济能顺利与市场对接就需要消除信息不对称。解决信息不对称的方式一般来说是构建信息平台，在信息平台上针对各个新型经营主体都要有信息的沟通渠道，让每一种类型的市场主体都能够及时、准确获取信息，发生信息转换和交流。五是要创新农村集体经济可持续发展体制机制。发展不能靠一时的机遇，也不能靠一地的努力，要想发展长久，需要提高集体经济自身实力和市场竞争力。集体经济需要选择在自身擅长和有竞争优势和比较优势的领域进行生产活动和经营活动。创新农村集体经济稳定发展体制机制还需要政府，当农村集体经济依靠自身不能调节市场供求平衡或者市场发生临时性巨变时，光靠市场自身内部调节和集体经济组织自身调节无法取得有效成果时，此时便需要政府出台有力政策手段进行干扰调节，政府是集体经济市场失灵的有效后盾。政府和市场要互相配合才能达到稳定发展，政府和市场的有效配合，不是规划和设计出最有效的规则，而是尽可能避免政府失灵和市场失灵。避免市场失灵的有效途径就是政府要弥补市场本身的局限，减少外部性，改善市场的环境和秩序，降低市场运行中的交易费用。创新农村集体经济长效发展体制机制。长效发展是建立在可持续发展和稳定发展基础上的更高层次的要求，需要靠外界推力来获得。如精干高效且有开拓精神的管理团队，或者是具有能激发集体成员共同奋斗的激励机制和管理制度。

　　总而言之，扎实推进共同富裕已成为顺利实现中华民族第二个百年奋斗目标的着力点。缩小城乡差距、增进农民福祉是共同富裕取得实质性进展的重要标志。农村集体经济是社会主义公有制在农村的重要体现，农村集体经济兼具公共性和市场性，是推动农村居民实现共同富裕的重要经济形态。在共同富裕进程中促进农村集体经济有效发展，对内需要借助乡贤权威，实现集体资源积累；创新制度安排，实现集体经济共治；以股权合理化配置为核心，实现集体经济收益共享，以形成内源式整合，提高集体经济组织运行效率。对外需要与市场经济相接，拓展外部要素合作，通过自主经营、跨区联合、企业化合作等经营模式创新释放经营活力，实现集体资产保值增值。最终通过内外互动，形成推动农村居民实现共同富裕的长效机制。探索合理、有效、可行的农村集体经济组织的发展模式，既可以保证集体经济健康发展，实现"富裕"，又能保证收入分配机制的合理性和平等性，实现"共同"。既能发展生产，又能在此基础上保证财富的共享，推动百色边境地区农村村民逐步实现共同富裕，不断增强其获得感、幸福感，这也是中国特色社会主义的应有之义。

参考文献

一、著作类

[1] 习近平. 习近平谈治国理政：第 1 卷［M］. 北京：外文出版社，2014.

[2] 习近平. 习近平谈治国理政：第 2 卷［M］. 北京：外文出版社，2017.

[3] 习近平. 习近平谈治国理政：第 3 卷［M］. 北京：外文出版社，2020.

[4] 习近平. 习近平谈治国理政：第 4 卷［M］. 北京：外文出版社，2020.

[5] 中共中央马克思恩格斯列宁斯大林著作编译局. 马克思恩格斯文集：第 1 卷［M］. 北京：人民出版社，2009.

[6] 毛泽东. 毛泽东选集：第 1 卷［M］. 北京：人民出版社，1991.

[7] 邓小平. 邓小平文选：第 3 卷［M］. 北京：人民出版社，1994.

[8] 毛泽东. 毛泽东文集：第 1 卷［M］. 北京：人民出版社，1993.

［9］江泽民．江泽民文选：第 1 卷［M］．北京：人民出版社，2006.

［10］中共中央文献研究室．建国以来重要文献选编：第 4 册［M］．北京：中央文献出版社，1993.

［11］中共中央文献研究室．建国以来重要文献选编：第 8 册［M］．北京：中央文献出版社，1994.

［12］中共中央文献研究室．建国以来重要文献选编：第 11 册［M］．北京：中央文献出版社，1995.

［13］中共中央马克思恩格斯列宁斯大林著作编译局．列宁全集：第 3 卷［M］．北京：人民出版社，1984.

［14］中共江西省委党校党史教研室，江西省档案馆．中央革命根据地史料选编：下册［M］．南昌：江西人民出版社，1982.

［15］高富平．土地使用权和用益物权：我国不动产物权体系研究［M］．北京：法律出版社，2001.

［16］李克强．农村公共产品供给研究与农民发展［M］．北京：中国社会科学出版社，2013.

［17］炼翰垒．工业合作社［M］．北京：中国文史出版社，1997.

［18］华子扬．边区人民生活之介绍［M］．西安：陕西人民出版社，1981.

［19］董志讯．1949—1952 年中国经济分析［M］．北京：中国社会科学出版社，1996.

［20］许毅．中央革命根据地财政经济史长编［M］．北京：人民出版社，1982.

［21］赵超构．延安一月［M］．上海：上海书店出版社，1946.

［22］胡绳．中国共产党的七十年［M］．北京：中共党史出版社，

1991.

　　[23] 徐勇. 中国农村与农民问题前沿研究 [M]. 北京：经济科学出版社，2005.

　　[24] 费孝通. 乡土中国：生育制度 [M]. 北京：北京大学出版社，1998.

　　[25] 罗荣渠. 现代化新论：世界与中国的现代化进程 [M]. 北京：北京大学出版社，1993.

　　[26] 罗荣渠，董正华. 东亚现代化：新模式与新经验 [M]. 北京：北京大学出版社，1997.

　　[27] 韩喜平. 中国理念 [M]. 沈阳：辽宁人民出版社，2019.

　　[28] 钱乘旦. 世界现代化历程：总论卷 [M]. 南京：江苏人民出版社，2010.

　　[29] 钱乘旦. 世界现代化历程：东亚卷 [M]. 南京：江苏人民出版社，2010.

　　[30] 钱乘旦. 世界现代化历程：拉美卷 [M]. 南京：江苏人民出版社，2010.

　　[31] 虞崇胜，唐皇凤. 第五个现代化 [M]. 武汉：湖北人民出版社，2015.

　　[32] 郑杭生. 转型中的中国社会和中国社会的转型　中国社会主义现代化进程的社会学研究 [M]. 北京：首都师范大学出版社，1996.

　　[33] 权宗田. 中国共产党对实现共同富裕的探索与制度设计创新研究 [M]. 北京：人民出版社，2014.

　　[34] 文建龙. 中国共产党与中国扶贫事业——改革开放以来扶贫重心转移的路径与动因 [M]. 北京：社会科学文献出版社，2018.

［35］宋学勤.改革开放 40 年的中国社会［M］.北京：中共党史出版社，2018.

［36］闫茂旭.改革开放 40 年的中国经济［M］.北京：中共党史出版社，2018.

［37］李实.21 世纪中国农村贫困特征与反贫困战略［M］.北京：经济科学出版社，2018.

［38］余漫.贫困地区农村基础教育资源配置公平性研究［M］.北京：社会科学文献出版社，2015.

［39］谢冰.贫困与保障：贫困视角下的中西部民族地区农村社会保障研究［M］.北京：商务印书馆，2013.

［40］杨文森.共同富裕：理论、实践与挑战［M］.北京：社会科学文献出版社，2013.

［41］宗开宝.共同富裕论——思想理论与实证［M］.北京：中国环境科学出版社，2011.

［42］李慎明.共同富裕与中国特色社会主义［M］.北京：中国社会科学出版社，2011.

［43］李炳炎.共同富裕经济学［M］.北京：经济科学出版社，2006.

［44］赵俊超.扶贫开发理论与实践［M］.北京：中国经济财政出版社，2005.

［45］裴泽庆.新时代党的政治建设［M］.北京：中共党史出版社，2018.

［46］罗岗.人民至上——从"人民当家作主"到"社会共同富裕"［M］.上海：上海人民出版社，2012.

［47］韩立红.中国共产党的社会管理创新之道［M］.北京：人

民出版社，2017.

[48] 何得桂．治理贫困——易地搬迁与精准扶贫 [M]．北京：知识产权出版社，2017.

[49] 汪青松．中国改革与中国梦 [M]．合肥：合肥工业大学出版社，2014.

[50] 颜加珍．社会主义现代化：经济发展与文化选择 [M]．北京：光明日报出版社，2011.

[51] 郑永年．中国改革三步走 [M]．北京：东方出版社，2012.

二、期刊类

[52] 马翠萍，郜亮亮．农村集体经济组织成员资格认定的理论与实践——以全国首批 29 个农村集体资产股份权能改革试点为例 [J]．中国农村观察，2019（3）.

[53] 马桂萍，崔超．改革开放后党对农村集体经济认识轨迹及创新 [J]．理论学刊，2019（2）.

[54] 米运生，罗必良，徐俊丽．坚持、落实、完善：中国农地集体所有权的变革逻辑——演变、现状与展望 [J]．经济学家，2020（1）.

[55] 申始占．公有制实现形式下农地权能分置理论的反思与重构 [J]．农业经济问题，2019（9）.

[56] 舒展，罗小燕．新中国 70 年农村集体经济回顾与展望 [J]．当代经济研究，2019（11）.

[57] 宋宇，孙雪．建国 70 年农村集体经济实现方式的阶段性发展与理论总结 [J]．人文杂志，2019（11）.

[58] 孙敏．三个走向：农村集体经济组织的嬗变与分化——以深

圳、苏州、宁海为样本的类型分析［J］．农业经济问题，2018（2）.

［59］孙宪忠．推进农地三权分置经营模式的立法研究［J］．中国社会科学，2016（7）.

［60］谭秋成．农村集体经济的特征、存在的问题及改革［J］．北京大学学报（哲学社会科学版），2018，55（3）.

［61］田世野，李萍．新型农村集体经济发展的新规律：一个三维分析框架［J］．社会科学研究，2021（3）.

［62］仝志辉，陈淑龙．改革开放40年来农村集体经济的变迁和未来发展［J］．中国农业大学学报（社会科学版），2018，35（6）.

［63］王海娟．集体所有制视野下承包地退出制度及其改革困境研究［J］．经济学家，2020（7）.

［64］王娜，胡联．新时代农村集体经济的内在价值思考［J］．当代经济研究，2018（10）.

［65］温铁军，罗士轩，马黎．资源特征、财政杠杆与新型集体经济重构［J］．西南大学学报（社会科学版），2021，47（1）.

［66］吴昭军．农村集体经济组织"代表集体行使所有权"的法权关系界定［J］．农业经济问题，2019（7）.

［67］夏英，钟桂荔，曲颂，等．我国农村集体产权制度改革试点：做法、成效及推进对策［J］．农业经济问题，2018（4）.

［68］夏英，张瑞涛．农村集体产权制度改革：创新逻辑、行为特征及改革效能［J］．经济纵横，2020（7）.

［69］夏柱智．农村集体经济发展与乡村振兴的重点［J］．南京农业大学学报（社会科学版），2021，21（2）.

［70］谢地．论社会主义公有制的存在形式、载体形式、实现形式［J］．政治经济学评论，2015，6（6）.

[71] 谢地，李雪松.新中国70年农村集体经济存在形式、载体形式、实现形式研究［J］.当代经济研究，2019（12）.

[72] 徐勇，赵德健.创新集体：对集体经济有效实现形式的探索［J］.华中师范大学学报（人文社会科学版），2015，54（1）.

[73] 许经勇.习近平壮大农村集体经济思想研究［J］.山西师大学报（社会科学版），2020，47（1）.

[74] 杨承训.公有制实现形式的实践和理论创新［J］.马克思主义研究，2021（2）.

[75] 杨帅，罗士轩，温铁军.空间资源再定价与重构新型集体经济［J］.中共中央党校（国家行政学院）学报，2020，24（3）.

[76] 杨洋.农村集体经济振兴的蕴含价值、现实困境与实现路径［J］.农村经济，2020（9）.

[77] 杨一介.我们需要什么样的农村集体经济组织？［J］.中国农村观察，2015（5）.

[78] 叶兴庆.扩大农村集体产权结构开放性必须迈过三道坎［J］.中国农村观察，2019（3）.

[79] 臧之页，孙永军.农村集体经济组织成员权的构建：基于"股东权"视角分析［J］.南京农业大学学报（社会科学版），2018，18（3）.

[80] 张斌.新时代深化农村集体产权制度改革的思考［J］.中州学刊，2019（9）.

[81] 张弛.中国特色农村新型集体经济的理论基础、新特征及发展策略［J］.经济纵横，2020（12）.

[82] 张浩，冯淑怡，曲福田."权释"农村集体产权制度改革：理论逻辑和案例证据［J］.管理世界，2021，37（2）.

[83] 张红宇. 积极探索农村集体经济的有效实现形式 [J]. 农村经营管理, 2015 (3).

[84] 张红宇, 胡振通, 胡凌啸. 农村集体产权制度改革的实践探索: 基于 4 省份 24 个村 (社区) 的调查 [J]. 改革, 2020 (8).

[85] 张慧鹏. 集体经济与精准扶贫: 兼论塘约道路的启示 [J]. 马克思主义研究, 2017 (6).

[86] 张茜. 农村集体经济实现形式的现代转型——以山东省东平县土地股份合作社为例 [J]. 东岳论丛, 2015, 36 (3).

[87] 张旭, 隋筱童. 我国农村集体经济发展的理论逻辑、历史脉络与改革方向 [J]. 当代经济研究, 2018 (2).

[88] 张应良, 徐亚东. 农村"三变"改革与集体经济增长: 理论逻辑与实践启示 [J]. 农业经济问题, 2019 (5).

[89] 蒋永穆, 豆小磊. 共同富裕思想: 演进历程、现实意蕴及路径选择 [J]. 新疆师范大学学报 (哲学社会科学版), 2021, 42 (6).

[90] 蒋永穆, 何媛. 扎实促进全体人民共同富裕: 时代要求、难点挑战和路径安排 [J]. 思想理论教育导刊, 2021 (11).

[91] 张峰. 共同富裕取得更为明显的实质性进展: 新的庄严承诺 [J]. 人民论坛·学术前沿, 2020 (24).

[92] 张春满. 论共同富裕的政治基础——国内国际维度的考量 [J]. 探索, 2019 (3).

[93] 杨静, 陆树程. 新时代共同富裕的新要求——学习习近平关于共同富裕的重要论述 [J]. 毛泽东邓小平理论研究, 2018 (4).

[94] 陈娟. 论共享发展与共同富裕的内在关系 [J]. 思想教育研究, 2016 (12).

[95] 卫兴华. 坚决走共同富裕之路 [J]. 红旗文稿, 2013 (3).

［96］唐思航.构建社会主义共同富裕的实现机制［J］.内蒙古社会科学（汉文版），2010，31（1）.

［97］孙大伟.中国共产党共同富裕思想和中国特色社会主义共同富裕道路［J］.观察与思考，2021（1）.

［98］李瑞军，董晓辉.新时代共同富裕的深刻内涵和实现路径：回顾与展望［J］.晋阳学刊，2021（1）.

［99］杨文圣.中国共产党对共同富裕的百年夙愿与追求［J］.政工学刊，2021（2）.

［100］杨小勇，余乾申.新时代共同富裕实现与民营经济发展协同研究［J］.上海财经大学学报，2022，24（1）.

［101］邹升平，程琳.论民营经济参与共同富裕进程的机理、原则与路径［J］.内蒙古社会科学，2021，42（6）.

［102］邵蕊.共同富裕与共享发展的相互关系及其启示［J］.南昌航空大学学报（社会科学版），2020，22（3）.

［103］洪大用.扎实推动新时代共同富裕的新议题［J］.社会治理，2021（2）.

［104］王红艳.新时代共同富裕思想新发展［J］.改革与开放，2018（11）.

［105］刘世敏.不同历史时期的共同富裕思想解读［J］.法制博览，2018（28）.

［106］胡鞍钢，鄢一龙，魏星.2030中国迈向共同富裕［J］.道路交通管理，2015（12）.

［107］潘丹丹，王琳.邓小平共同富裕思想研究［J］.文史月刊，2012（S3）.

［108］李太森.刍论劳动范畴［J］.江汉论坛，2003（1）.

[109] 章玉丽.我国农业改革和发展的根本方向：大力发展集体经济——访中国社会科学院马克思主义研究院研究员赵智奎 [J].马克思主义研究，2016（8）.

[110] 章玉丽.对邓小平农业"两个飞跃"研究中几对概念关系的辨析 [J].毛泽东邓小平理论研究，2017（4）.

[111] 赵意焕.我国新时代发展农村集体经济的困惑与出路——基于我国西南部某山区县的调研 [J].毛泽东邓小平理论研究，2018（1）.

[112] 赵意焕.中国农村集体经济70年的成就与经验 [J].毛泽东邓小平理论研究，2019（7）.

[113] 赵智奎，龚云，彭海红，常伟.实施乡村振兴战略，壮大集体经济（笔谈）[J].河南社会科学，2020，28（5）.

[114] 郑有贵.农业转型升级对政府强依赖的原因及其对策——兼论农业组织化实现形式的优化和转型 [J].农业经济问题，2016，37（10）.

[115] 钟桂荔，夏英.农村集体资产股份权能改革的关键问题——基于8县（市、区）试点的调研观察 [J].农业经济问题，2017，38（6）.

[116] 周娟.农村集体经济组织在乡村产业振兴中的作用机制研究——以"企业+农村集体经济组织+农户"模式为例 [J].农业经济问题，2020（11）.

三、报纸类

[117] 习近平.高举中国特色社会主义伟大旗帜　为全面建设社会主义现代化国家而团结奋斗 [N].人民日报，2022-10-26（01）.

[118] 关于实现巩固拓展脱贫攻坚成果同乡村振兴有效衔接的意见 [N]. 人民日报,2021-03-23(01).

[119] 中共十六届三中全会在京举行 [N]. 人民日报,2003-10-15(01).

[120] 坚定不移沿着中国特色社会主义道路前进 为全面建成小康社会而奋斗——胡锦涛同志代表第十七届中央委员会向大会作的报告摘登 [N]. 人民日报,2012-11-09(01).

[121] 习近平. 决胜全面建成小康社会 夺取新时代中国特色社会主义伟大胜利——在中国共产党第十九次全国代表大会上的报告 [N]. 人民日报,2017-10-28(01).

后　记

撰写本书，源自我生于农村长于农村并一直从事农村发展研究工作。新时代的农村可谓发生了翻天覆地的变化，道路硬化了，父老乡亲们住上了楼房，生活变好了。但边境地区由于生态环境脆弱，产业基础薄弱，发展优势不明显，群众致富可持续能力不够等主客观条件的制约，边境地区农村仍然是新征程上我国推进全体人民共同富裕进程中薄弱的环节，特别是发展壮大村级集体经济，支柱产业少，现代农业设施滞后。近年来，百色学院马克思主义学院每年都组织教授博士团队到边境地区开展巩固脱贫攻坚成果和衔接乡村振兴大调研活动，为边境地区发展和治理能力建言献策，并就如何在共同富裕进程中更好发展壮大农村集体经济的发展提供了一些思路，本书也从中吸纳了部分观点，在此对百色学院马克思主义学院相关教授致以诚挚的谢意和崇高的敬意。当然，由于时间、精力、水平有限，书中尚有不成熟之处，还需要更进一步研究，这也是我继续努力的方向。

最后感谢为本书提供素材的相关同志，他们分别是那坡县政协副主席黄海波，那坡县委组织部副部长关宝剑，靖西市委党校常务副校长张志才，以及帮助排版的百色学院马克思主义学院李焕玲老师、杨玉莲老师，美术与设计学院党委副书记黄翠秋老师，感谢你们的帮助。